一句话打动客户

成就金牌销售员的62个关键

吕国荣 邹华英◎著

中国纺织出版社有限公司 | 国家一级出版社
全国百佳图书出版单位

内 容 提 要

为什么同样是销售员，有的人业绩收入非常高？

这些金牌销售员成功的秘诀是什么？

为什么他们能比别人的销售业绩好很多？

因为他们能够快速打动客户，说服客户购买。这既是一门艺术，又是一门技巧。从本质上说，销售工作就是要通过说服客户来达成交易。本书用生动、通俗易懂的语言教会你一整套销售说服法则，让你轻松地学到一句话说服客户的技巧，成为人人艳羡的销售高手。

图书在版编目（CIP）数据

一句话打动客户：成就金牌销售员的62个关键 / 吕国荣，邹华英著. --北京：中国纺织出版社有限公司，2020.6（2024.7重印）

ISBN 978－7－5180－7339－9

Ⅰ. ①一… Ⅱ. ①吕… ②邹… Ⅲ. ①推销—口才学 Ⅳ. ①F713.3②H019

中国版本图书馆CIP数据核字（2020）第070697号

策划编辑：于磊岚　　特约编辑：周馨蕾

责任校对：王惠莹　　责任印制：储志伟

中国纺织出版社有限公司出版发行

地址：北京市朝阳区百子湾东里 A407 号楼　邮政编码：100124

销售电话：010—67004422　传真：010—87155801

http：//www.c-textilep.com

中国纺织出版社天猫旗舰店

官方微博 http://weibo.com/2119887771

永清县晔盛亚胶印有限公司印刷　各地新华书店经销

2020年6月第1版　2024年7月第4次印刷

开本：710×1000　1/16　印张：15

字数：199千字　定价：68.00元

前言 PREFACE

俗话说："一句话说得让人跳，一句话说得让人笑。"同是一句话，不同的说法，效果大不相同。

有一位佐藤先生，开的汽车已经很老很破了。他在创业年代艰苦奋斗惯了，现在成功了，怎么也舍不得换新车。

像佐藤这样的人，是各汽车销售公司最好的潜在客户，但是，很久以来，都没有人能成功地向他出售一辆汽车。主要原因就是，这些销售员总是会说"您这辆车子太破了，太旧了，跟您身份不符……""您这破车三天两头就要修理，修理费用得要多少呀……"这一类的话。佐藤听到这样的话，心里总是不痛快。

最后终于有一位销售员成功了，原来，他没有发出这一类批评性意见，而是这样说："您的车子还可以再用几年，现在换新车有点可惜。这辆车能够行驶 12 万英里，说明您开车的技术真是高超！"

这话真是说到佐藤心里去了。销售员的话隐含着车子太旧的信息，但是，表面上一个字也没有说，让佐藤感到十分受用。最终，他给自己换了新车。

这就是说服的力量。销售员只有成功地说服客户，最后才能达成交易。

推销过程就是销售人员运用各种方式、方法和技巧去打动客户，说服客户购买的过程。世界第一成功导师安东尼·罗宾曾说："销售没有成功，不是客户有问题，而是我们的说服力有问题。"

打动并说服客户，关键在于方法，要想一句话把客户说服，就要注意语言表达的技巧和力度。

一句话把客户说服，需要理解说服的心理学，知晓你要说服的人的性格特征，读懂他的信息，明了他的沟通风格，再遵循一定的说服法则，运用有效的说服技巧，才可投其所好，达到一句话顺利说服客户的目的。

本书重点介绍了怎样在销售方面施展你的超级说服力，是一部全面的、实用性较强的、指导销售员如何一句话说服客户的书籍。本书给读者提供了大量贴近销售实际的事例和精炼的要点，读者从中可以很轻松地学到一句话打动客户的技巧，并立时运用于实战。相信你读了本书之后，说服能力将会大幅度地得到提升，成为最棒的说服高手。

本书通俗易懂，可操作性强，不仅是销售员和准备进入销售行业人员的入门读本，也是一本很有价值的企业销售员培训教材。

作者
2020.3

目 录

第一章 | 说好第一句话，用精彩的开场白打动客户

开场白是销售员见到客户以后的第一次谈话，在与客户面谈时，不应只是简单地向客户介绍产品，而是首先要与客户建立良好的关系。因此，销售员与客户交谈之前，需要准备适当的开场白。

好的开始是成功的一半，客户听第一句话要比听以后的话认真得多。听完第一句话，许多客户就自觉不自觉地决定是尽快打发销售员走还是继续谈下去。因此，销售员在拜访客户之前一定要想好自己的开场白，给客户留下好的印象，为成交奠定基础。

第二章 | 用一句幽默话开启销售之门

所谓幽默是指借助多种手法，运用机智、风趣、凝练的语言所进行的一种艺术表达，幽默的语言表达能起到多种作用。

推销作为一门艺术，也需要幽默。幽默可以说是打开销售成功之门的金钥匙，它具有很强的感染力和吸引力，能让客户在会心一笑后，对销售员、产品或服务产生好感，从而诱发购买动机，促成交易的迅速达

成。销售员在推销活动中，如果能充分运用幽默的语言去表达，将会使推销工作事半功倍。

第三章 | 一句话唤起客户的好奇心

好奇心是人们希望自己能知道或了解更多事物的不满足心态，是人类认识大自然和自身的原动力。当人对某一事物产生好奇心的时候，便有了努力去探讨的愿望。

销售人员要想使自己的产品引起客户的兴趣，就要设法使客户对产品产生好奇心。好奇心是“心灵的饥饿”，没有人可以抵挡住好奇心的诱惑。当你试图与客户建立联系却遇到难以克服的障碍时，就需要利用人们与生俱来的好奇心理作为攻坚利器，借助客户的好奇心理与客户建立起联系。

第四章 | 一句赞美，顶得上十句劝说

美国心理学家威廉·詹姆斯指出：“渴望被人赏识是人最基本的天性。”既然渴望赞美是人的一种天性，我们在销售过程中就应好好掌握

这一生活智慧。销售员在面对客户的时候，千万不能吝啬自己的赞美之词，要以真诚的心发现客户的优点，并用一种很自然的方式表达出来。

赞美不仅是一种沟通艺术，也是一种处世智慧。赞美之于人心，犹如阳光于万物，让人精力充沛，更有活力，让人增加自信；让被称赞者更能接受、肯定自己。销售员要想让业绩持续上升，就先学会赞美吧！

第五章 | 一句提问，问出生意来

在口才技巧中，提问是一门非常有趣的学问。人们就是在一问一答的过程中，进行相互了解与沟通的。会沟通的人同时也是会问问题的人，良好的提问能够让你充分了解对方的想法，得到你想知道的信息。

推销也是从巧妙提问开始的。如果销售员问得好、问得妙，往往就能把客户拉过来，把生意做成功；反之，就有可能把好好的生意给做砸了。

第六章 | 一句话激发客户的购买欲望

激发客户的购买欲望是销售员获得订单的一种必要手段。因为，客户虽然可能对产品感兴趣，但与产生购买欲望还是有一段距离的。因此，销售员必须开动脑筋，迅速而准确地把握住客户的心理，想方设法激发客户的购买欲望。

只有客户有了强烈的购买欲望，他才会下定决心购买你的产品。欲望来自需求，我们首先要了解客户的需求，向客户说明我们的产品可以满足他们的需求，然后巧妙地将客户的需求程度上升为强烈的购买欲望。

第七章 | 一句请教是最好的说服

销售员可以利用向客户请教问题的方法来引起客户的注意，有些人好为人师，总喜欢指导、教育别人，或显示自己。这时销售员可以找一些不懂的问题向客户请教，一般客户是不会拒绝虚心请教的销售员的。如："王总，在计算机方面您可是专家。这是我公司研制的新型电脑，在设计方面还存在什么问题吗，请您指导一下。"受到这番抬举，对方就会接过电脑资料信手翻翻，一旦被电脑先进的技术性能所吸引，推销便大功告成。

真心地向客户请教，是使客户感觉备受尊重的最好方法，也是最好的说服。

第八章 | 倾听，无言的说服

在如今竞争激烈的市场中，如果一个销售员拥有能言善辩、口若悬河、谈吐诙谐、幽默机智等“会说话”的能力，通常能收到事半功倍的效果，获得意想不到的成功。但是，一个销售员仅仅拥有能说会道的口才能力是不够的，要成为一个顶尖的销售员还要具备另一种能力，那就是倾听。

日本推销大师原一平说：“对推销而言，善听比善说更重要。”“有效的推销是自己只说三分之一的话，把三分之二的话留给对方去说，然后倾听。”

第九章 | 处理客户异议时的说服技巧

任何销售活动，都会遇到客户的不同意见，甚至是反对意见，我们把客户的这种意见称为异议。无疑，客户的异议是推销过程的障碍，但这也是客户的权利。你若想成功地销售你的产品，就必须做好应对和消除客户异议的准备。

当你遇到客户异议时，要学会冷静面对，逐渐减轻压力，学会随机应变，化险为夷。但客户异议各不相同，销售员只有掌握良好的语言技巧，认清客户需求，巧妙化解客户异议，才能达到成交的目的。

第十章 | 这样说服最有效

作为一名销售人员，你也许有过这样的疑惑：为什么推销同样的产品与服务，成就却有天壤之别——排在前20名的销售员，总是包办了80％的交易。推销高手之所以能脱颖而出，是因为他们懂得销售的艺术，其中的精髓在于他们充分运用了高超的“说服法”。

说服是推销的核心智慧，可以这样说，推销员推销的过程，实际上就是想方设法说服客户购买所推销的产品或服务的过程。有效的说服可以让客户由“不”变为“是”，由“不愿意”变为“我愿意”。熟悉和使用这些“说服法”，销售员便可以真正做到在复杂环境下将欲售产品销售给需要的客户，从而成为最具说服力的销售员。

第一章

说好第一句话，用精彩的开场白打动客户

开场白是销售员见到客户以后的第一次谈话，在与客户面谈时，不应只是简单地向客户介绍产品，而是首先要与客户建立良好的关系。因此，销售员与客户交谈之前，需要准备适当的开场白。

好的开始是成功的一半，客户听第一句话要比听以后的话认真得多。听完第一句话，许多客户就自觉不自觉地决定是尽快打发销售员走还是继续谈下去。因此，销售员在拜访客户之前一定要想好自己的开场白，给客户留下好的印象，为成交奠定基础。

1.好的开场白是成功的一半

任何一次语言沟通都少不了开场白。专家在研究销售心理时发现，销售员在与客户沟通时，客户一般会记住前2分钟的话语，而且也会在这2分钟内决定是否与销售员交谈下去，因此，开场白的好坏，几乎可以决定一次销售工作的成败。换言之，好的开场白就是销售成功的一半。

就像创作悬疑故事一样，销售员要让开场白在第一时间抓住客户的注意力，以赢得与客户继续交谈的机会。通常来讲，开场白包括以下几个部分：感谢客户接待你并寒暄、赞美，自我介绍并介绍所在公司，介绍来访的目的以表示对客户的重视等。

下面是一个销售员的客户拜访开场白：

销售员小王如约来到客户办公室，开场就说："李经理，您好！很感谢您在百忙之中还抽出宝贵的时间来接待我，真是非常感谢！"（感谢客户）

"李经理，您的办公室装修得这么简洁却看起来很有品位，可以想象您应该是一个做事很干练的人！"（赞美客户）

"这是我的名片，请多指教！"（第一次见面，以交换名片自我介绍）

"李经理以前接触过我们公司吗？"（停顿片刻，让客户回想或回答，给客户留时间）

"我们公司是国内最大的为客户提供个性化办公方案服务的公司。我们了解到现在的企业不仅关注提升市场占有率和利润空间，同时也关注如何节省管理成本。考虑到您作为企业的负责人，肯定很关心如何最合理地配置您的办公设备，并节省成本。所以今天我来与您简单交流一下，看有

没有我们能够帮上忙的地方。”（介绍公司以及此次来的目的，突出客户的利益）

“贵公司目前正在使用哪个品牌的办公设备啊？”（话题就这样引出来了）

李经理也面带微笑非常详细地和小王谈起来。

从这个例子可以看出，好的开场白能够吸引对方的注意力、引起客户的兴趣，使客户乐于与我们继续交谈下去。

那么，要讲好开场白，需要注意哪几个方面呢？

（1）把握交谈的时机

与客户第一次约见，把握好交谈的时机很重要。有很多销售员在工作时热情很高，也掌握了熟练的口才技巧，但还是总遇到没等切入正题就被客户拒之门外的情况，这往往是因为没有选择恰当的交谈时间。

如果在不适当的时间与客户进行交流，客户就会认为自己的事情受到了打扰。比如，当客户情绪低落的时候，或正赶上客户忙得不可开交时，销售员贸然上门，通常都不会达到预期的沟通效果。比如：

销售员：“您好，能否打扰您一下，我是 ×× 公司的推销员，以前贵公司买过我们的产品，现在想做一个使用调查，占用您一点点时间就够了，不知是否可以。”

客户：“不可以！你没看见我正忙着吗？真是的，刚才老板还打电话来催，怪我没有及时把报表送上去。我没有时间，你改日再来吧。”

如果销售员事先对客户大致的时间安排进行充分了解，就可有效避免尴尬局面的发生。对客户的具体时间安排了解得越清楚，销售员就越容易找到合适的时机与客户展开沟通，从而最大限度地避免无功而返或引起客户厌烦。

了解了客户的时间安排后，销售员就可以根据这些信息选择一个合适的见面时间了。在选择具体见面时间时，销售人员也需要考虑客户的心情和需求。一些比较愉快或者对客户来说具有非同寻常意义的时间，很可能是最有利于展开互动沟通的时间，比如：客户刚刚领到工资的时候，结婚纪念日、节假日或者大楼奠基等有意义的日子，客户刚刚开业或住上新房需要大批采买商品的时候，客户获奖或得到晋升的时候等。

（2）建立和客户之间的亲和力

人与人之间有时会存在莫名的缘分，从毫无关系的两个人到认识，再到信任，最后成为朋友，这需要彼此间心与心的交流。在与客户正式沟通前，销售员也要有意识地制造自己与客户之间的这种缘分，而制造这种缘分的关键，就是要让客户在第一眼看到你时，很自然地体会到你个人独具魅力的亲切感和亲和力。

亲和力的建立，就是通过某种方法让客户依赖你、喜欢你、接受你。当客户对你产生依赖感，喜欢或接受你这个人的时候，自然对你的产品也会爱屋及乌。

销售员想要和客户建立起亲和力，利用天气、利益、生活、新闻事件、兴趣爱好、赞美的话语等都可以作为开场白的话题。例如："今天天气不错！""一家人都在这儿，真热闹！""啊，真气派，大家庭就是不一样！""啊，你也喜欢收集邮票呀！"

（3）语言表达要准确、流畅

在与客户交谈的开场白中，销售员准确流畅的声音除了能给客户带来惊喜、信任外，还可以给自己的第一形象加分。有些销售员辛辛苦苦地准备好各式各样的精彩开场白，却因自己一开口就磕磕绊绊、吞吞吐吐，让客户产生了反感。如果是这样，你就必须加紧训练，让自己的语言表达得准确、流畅，否则根本无法与客户继续交往。

那么，怎样才能让自己的语言表达更加准确、流畅呢？

讲话速度快慢适中。讲话时，销售员要依据实际情况的需要调整快慢，讲话速度最好不要过快，应尽可能娓娓道来，给他人留下稳健的印象，也给自己留下思考的余地。

语调要吸引人。明朗、低沉、愉快的语调最吸引人，与客户沟通时，相对放低声音比提高嗓门声嘶力竭地喊，听起来会让人感到舒适一些。

吐字清晰。与客户沟通时，销售员要保持吐字清晰，声音清亮圆润，讲话很流畅。避免含糊其辞、咬字不清，这是做到声音美的起码要求。

说话时要文雅，发音要准确，不要讲方言土语，更不要讲脏话、粗话。

金牌销售经验谈

①一个好的开场白最好达到三个效果：吸引客户的注意力，建立融洽的关系，与自己所销售的产品建立关联。

②选好时机、问候得体、表达流畅是打造良好开场白的基础。

2. 如何说好开场白的第一句话

销售员在向客户推销产品时，最好第一句话就能让客户产生好感，引起客户的注意，如果不能做到这点，就会影响以后的沟通效果。当然这第一句话最好能找些实用或者出其不意、新颖的话来吸引客户，这样既能让客户产生兴趣，又能让客户立刻做出反应。

如何才能通过短短几句话成功吸引客户的注意力？销售员可以参照以下几种具体的方式：

（1）提及客户可能最关心的问题

例如：“听您的朋友提起，您现在最头疼的是产品的废品率很高，虽然调整了生产流水线，这个问题还是没有从根本上得到改善……”

（2）谈谈双方都熟悉的第三方

例如：“是您的朋友王先生介绍我与您联系的，说您近期想增置几台电脑……”

（3）赞美对方

例如："他们都说您是这方面的专家，所以也想和您交流一下……"

当然赞美的话语要符合实际情况，过分的夸奖会让客户产生反感。

（4）提提客户的竞争对手

例如："我们刚刚和 ×× 公司有过合作，他们认为……"

当客户听到竞争对手时，往往会变得很敏感，因而也就会把注意力集中到你要讲的内容上。

（5）引起对方对某件事物的共鸣（原则是客户也认同这一观点）

例如："很多人都认为当面拜访客户是一种最有效的销售方式，不知道您是怎么看的……"

能够引起对方的共鸣，会有助于销售工作的顺利进行。

（6）用数据来吸引客户的兴趣和注意力

例如："通过增加这个设备，可以使贵公司的生产效率得到 50% 的提升……"

"我知道贵公司现在的产品废品率比较高，如果有一种方法能够使你的废品率降低一半的话，您是否有兴趣了解呢？"

（7）有实效的话语

例如："我觉得这个优惠活动能给您节省很多话费，截止日期为 12 月 31 日，所以我觉得应该让您知道这种情况……"

这种时间的限制往往会让客户产生紧迫和物品稀有的心理。

不管你用什么话作为开场白，向客户问候时的肢体语言也是至关重要的。心理学专家认为，无声语言所显示的意义要比有声语言多得多，而且深刻，因为肢体语言通常是一个人下意识的举动，所以说肢体语言很少有欺骗性。销售员一个简单的握手动作，一个无心的眼神交流，一个不经意的微笑，也许在转瞬间就能成交百万的销售大单。

在与客户初次见面时，销售员若能成功地掌握问候语的肢体语言，会为双方进一步沟通做出良好的铺垫。得体的问候能在举手投足之间流露出你的涵养、风度、气质、学识和品位。而不得当的肢体语言会导致销售失败。

以下是在一家商店里，销售员在与客户交谈时的情景：

客户："你好！"

销售员："你好。"（面无表情）

客户："嗯，我想了解一下这里有没有一些关于 ×× 旅游线路的信息。"

销售员："当然，我们这里有很多关于这类信息的资料，你需要的是一些介绍手册？或者你想查看一下可行性和价格信息？"（使用一种很友善的声音，但双手交叉抱在胸前，而且没有直接地看着客户）

客户："哦，我现在只需要一些关于这类信息的资料，至于什么时候去，我们还没定好呢。"

销售员："那没问题，这里就是你所需要的资料（把资料所在地指给客户），你可以查看一下。如果有什么问题，可以问下我，我随时为你服务。"

客户："好的，谢谢你。"

销售员："不用谢。"

尽管销售员说得很友好，但是客户还是觉得有点不舒服。因为销售员对待客户时表面上很客气，而实际上态度不真诚，这让客户觉得销售员只是敷衍他而已。如果加上一些肢体语言，比如面带微笑和客户打招呼，眼睛直视客户，主动提供客户所需资料，这样客户会觉得你很尊重他，非常愿意为他服务。

只有问候用语运用得当，给客户第一印象才会好。光有问候，没有肢体语言，这样会让客户觉得虚伪。但问候语言也要注意时空感，一般以距离客户 1.5 米的时候进行问候最为合适，对于距离远的客户，以点头微笑示意。

总之，销售员若能在和客户初次见面时，就成功地做到：微笑、握手、问候客户、使用肢体语言、进行眼神交流、向客户致谢等等，一定能在客户心中留下良好的印象。凭着这良好的印象，加上你说话的技巧和丰富的产品经验，成功说服客户的概率就会大得多了。

金牌销售经验谈

①为了吸引客户的注意力，在第一次与客户的接触中，销售员就要做到引起客户的兴趣，然后再切入销售。

②开场白的本质是激发客户的兴趣，引起客户的注意。

③销售员应该掌握一些基本的肢体语言和销售礼仪。

3.寒暄是开场白的开场白

在寒暄这个词中，寒是寒冷的意思，暄是温暖的意思，合起来就是问寒问暖。寒暄就是话家常，比如说，谈一些轻松的话题，聊一些对方关心的问题，说一些互相恭维的话等等。寒暄看上去很简单，但功效不可忽视。因为唠家常式的寒暄能让第一次接触时彼此的紧张心情放松下来，将距离感慢慢缩小。

在礼仪之邦的中国，寒暄最能表现出人际关系的和谐，几句得体的寒暄会使气氛变得融洽，有利于顺利地进入正式交谈。

一般来说，销售员在与初次见面的客户交谈时，开场白都是从寒暄开始的。寒暄是交谈的“导语”，具有抛砖引玉的作用，是销售过程中不可缺少的重要一环。得体地与人寒暄可以赢得客户的好感，让沟通顺利进行下去。

贝尔那·拉弟埃是“空中客车”飞机制造公司的著名销售专家。当他被推荐到“空中客车”公司后，他面临的第一项挑战就是向印度推销飞机。这是个棘手的任务，因为这笔交易之前曾被否决过，能否重新寻找成功的机会，就全靠销售的谈判本领了。

拉弟埃深知肩上的重任，他稍做准备就飞赴新德里了。接待他的是印航主席拉尔少将。拉弟埃到印度后，对他的谈判对手讲的第一句话是：“拉尔将军，首先我想向您致以我的谢意，因为是您使我有机会在生日这一天又回到了我出生的地方。”随后拉第埃向对方介绍了自己的身世，他正是1924年3月4日出生在加尔各答的，这让对方也很兴奋。

这是一句非常得体的开场白，它虽然简明，但内涵丰富，不但感谢主人慷慨赐予来印度的机会，还表明印度是他的出生地。这样就拉近了他和拉尔少将的距离。

一个成功的销售员应该注重利用寒暄做开场白，常用的寒暄开场白主要有以下几种类型：

（1）问候式寒暄

寒暄是交谈的“导语”，具有抛砖引玉的作用，是人际交往中不可缺少的重要一环。得体地与人寒暄可以赢得对方的好感，让沟通顺利进行下去。

问候式寒暄是开场白中最常见的一种，销售员在与客户第一次打交道时，第一礼节就是要问候对方，然后才能进行下面的交易。

例如：

“您是孙经理吧？您好，您好！”

“王经理，见到您很高兴！”

“听口音，李经理是山西人吧。”

……

问候式寒暄能让销售员了解客户的身份、性格、籍贯、爱好等等，客户这些最基本的信息对销售员以后的沟通大有帮助。但是，销售员要注意在问候客户时，话语要委婉，恰到好处，用语不宜过多，能用一言以蔽之的绝不三言两语。如果滔滔不绝地说个没完，会给客户轻浮的感觉。

（2）聊天式寒暄

聊天式寒暄就是销售员跟客户聊一些无关紧要的话题，其实就是用一些漫无边际又不让人厌恶的话题来接近客户，寻找成交机会。

例如：

“今天的天气真不错！”

“街上的人真多呀！”

这种寒暄的方式容易拉近销售员与客户彼此间的距离，无论是初次拜访，还是与老客户沟通，销售员都可以采用这种方式。

（3）赞美式寒暄

每个人都喜欢听到好听话，客户也不例外。因此，赞美法就成为接近客户的好方法。

赞美客户必须要找出别人可能忽略的特点，从而让客户知道你的话是真诚的。赞美的话若不真诚，就成为拍马屁，这样效果当然不会好。如对方的吃相很粗鲁，你却说“你吃饭的姿态真优雅”，这样对方不仅会觉得很难堪，甚至会觉得你借此在嘲笑他。

赞美比拍马屁难，它要先经过思索，不但要有诚意，而且要选定既定的目标与策略。

“王总，您这房子真漂亮。”这句话听起来像拍马屁。“王总，您这房子的大厅设计得真别致。”这句话就是赞美了。

下面是两个赞美客户的开场白实例：

“林经理，我听华美服装厂的张总说，跟您做生意最痛快不过了。他夸赞您是一位热心爽快的人。”

“恭喜您啊，李总，我刚在报纸上看到您的消息，祝贺您当选十大杰出企业家。”

（4）应变式寒暄

即针对具体的交谈场景，临时产生的问候语，比如对方正在做的事情、对方的工作环境、衣着、爱好等，这些都可以作为寒暄的话题。

比如：

“李总，您可真够忙的。”

“王经理，原来你也喜欢这本书啊……”

“啊，你们一家子都在一起，真热闹！”

……

（5）攀亲认故式寒暄

在客户的资料中，或者在对方的口音中，都可以知道对方的籍贯，或者曾经在哪里居住过。这时，我们就可以从这些资料中引起更多的话题。可以从乡音说到地域，可以从地域说到风土人情、特产等。

有时，还可以发现和对方有着这样那样的“亲友”关系，如：“我出生在扬州，咱们算是老乡了。”“噢，你是复旦大学毕业的，说起来咱们是校友呢。”在交往中，要善于发掘双方的共同点，从感情上靠拢对方。

要想说好开场白的第一句话，就需要不断积累和学习寒暄。销售员在这方面多下工夫，多运用，就会得心应手，在任何场合都可以做到处乱不惊，游刃有余。

金牌销售经验谈

①在销售活动中，寒暄就是与客户拉家常，聊聊天气，聊一下客户感兴趣的话题，向他表示自己的敬意，借以表示自己乐于与他多交往之意。

②与客户寒暄几句有助于拉近彼此的距离，但寒暄时间不宜过长，创造出适宜交谈的气氛即可。

③销售员要与形形色色的客户打交道，就必须要准备适合多种多样客户的丰富话题。

4.用利益作为开场白

世界一流的成功学大师博恩·崔西说过："在销售中，不是销售产品，而是销售产品给客户带来的好处。"因此，所有的销售人员都面临一个共同而基本的主题，那就是销售的产品或服务对客户有什么利益或好处。

用利益作为开场白，是一种比较实在的方法。它是直接从利益入手的，首先就把好处告诉客户，把客户购买产品能够带来什么样的利益都一五一十地说出来，从而引发客户的兴趣，增加客户对产品本身的了解。

小李是一家涂料厂的销售员，他在拜访一位客户时热情地问道："王先生，您需要的涂料它的光泽应该是保持几年，而不是几个月，是吗？还有，更重要的是，这种涂料要能保护下面的墙皮。几年后，墙面仍然光亮如新，平滑如镜，不会有任何掉皮或是裂痕。我说得对吗？"

"对，你说得没错。"客户毫不犹豫地肯定道。

"那我真的很荣幸，因为我可以为您提供您想要的东西。我们的涂料，它那光亮简直不可思议，恐怕没有哪一种涂料像它一样光洁。假如您坐在用这种涂料装修的房间里，会有一种奇妙的感觉，您会觉得很舒适。"

"真的吗？那我倒想试一试。"

"那我是下周一给您送货还是下周二送货呢？"

"下周一吧。"

就这样，小李用富有感染力的热情话语告诉客户可以获得的利益，增强了客户的购买信心。突出客户利益的开场白之所以能取得成功，就是因为销售员把产品给客户带来的利益放在第一位，符合客户的求利心理。

用利益作为开场白很直接也很有效，它不像制造悬念，从客户的好奇心入手，也不像赞美客户那样从客户的心理感受入手。如何正确运用利益做引导开场白，需要从以下几个方面考虑：

（1）用利益做开场白的主要方式是陈述和提问

陈述就是直接向客户表明，如："今天是这种商品打折的第一天，式样和尺寸都是最全的，卖掉以后就没有了，请你把握住机会。"销售员以式样和尺寸最全为引诱点，在价格的基础上进一步向客户表明购买的利益。

提问的方法主要用比较法，拿产品现在的优势和过去或者和同类产品做比较，比如一个奶油供应商对蛋糕店老板说："你愿不愿意以后销售的蛋糕，每公斤节约 20% 的投资？"

（2）用利益做引导的核心是产品本身的实惠

无论销售员用什么样的方法表达，利益引导的核心就是产品本身的实惠，较低的价格，较好的性能，优惠的打折方式，恰当的时机等，这些产品或服务的实惠可以引起客户的注意或兴趣。比如一家涂料厂的销售员这样告诉客户："本厂生产的涂料每公斤 9 元，可涂 4 平方米的墙壁，一个 20 平方米的房间，只用五公斤就可以了，才 45 元。"一位文具销售员对客户说："本厂出品的各类笔记本、账册等比其他厂生产的同类产品便宜三成，量大还可以优惠。"

（3）用利益做引导的出发点是客户的利益

从推销学的角度来讲，用利益接近客户是符合客户的求利动机的，一般来讲，人们总是想从购买活动中获得一定的利益，这种利益可能是外在的，也可能是精神上的，比如减少成本，增加收入，提高效益，显示品位等。以下是可以有效说明产品给客户带来利益的句型，你可以根据具体情况套用：

"减少了你的……"

"会为您节省……"

"提高了您的……"

“有利于您进一步……”

“您更容易……”

“帮助您改善……”

“可以满足您的……”

“使您更有可能……”

“您更容易……”

不过对于具体的客户，利益的关注点也不同，所以要具体问题具体对待。曾经有一个销售员向一名客户推荐一种高清电视，在介绍电视性能的时候，拿这台高清电视的性能与一台一般电视做比较，显示出高清电视性能的优越。但客户偏偏买了那台被销售员拿来做比较的一般电视，因为客户认为，那种电视的性能才是最符合他的需要的。

人大多都是趋利避害的，当你能够帮助客户，为他们提供有价值的可靠的信息时，客户就会考虑你的产品。无论任何时候，要获得对方的认同，就先要为对方着想，关心对方的利益，这样，你和客户才能成为最佳的合作伙伴，获得利润上的双赢。

但是，销售员需要知道，使用利益作为引导时，应注意产品的利益不能搞虚假，要符合实际。欺骗消费者的销售员是做不了长久的，这句话在任何时候都是对的。如果拿虚假的利益来欺骗客户，就等于坑害客户，若最终出了问题，还是销售员的责任。

另外，产品的利益必须能够被证明，才能取信于客户。并不是说客户看到的只是眼前利益，若一种利益太过长久，销售员无法证明，就不能让客户信服，客户是不会对这种无法看到，无法被证明的利益所过多吸引的。比如说一款手机，你可以对客户说手机的外壳用的是什么样的烤漆技术，所以是不会掉漆的。客户是会相信你的，但是如果你说，这款手机在两年之后还是一种品位的象征，这种不确定的利益就不能让客户信服了。

金牌销售经验谈

①产品的价值并不在于产品本身，而是使用的益处。人们总是想从购买活动中获得一定利益，所以用利益接近客户是最好的方法之一。

②用利益作为开场白时，所介绍的产品利益必须是可观、可感、可证明的。

③说明产品益处时必须针对客户的实际需求展开，否则就是徒劳。

5. 与众不同的开场白

开场白就像是一篇故事的开头，需要引人入胜，它将对故事的发展起到推波助澜的作用。销售工作也是一样，开场白一定要能吸引客户的注意力，让客户对销售员和产品产生兴趣，进而产生使用和购买的欲望。

（1）以“特殊的名片”介绍作为开场白

名片是销售员自我推销和推销产品的重要工具。汽车推销大王乔·吉拉德曾说过：“如果在众多推销工具中要我选择一项，我会选择名片。”所以，他为自己设计了一款非常特殊的名片，名字十分醒目，并在上面印上了他永远微笑的照片。

大凡成功的销售员，他们的名片都是精心设计的、与众不同的，他们总会别出心裁地利用名片进行成功的推销。

日本有位寿险推销人S先生，在名片上印着一个数字——76650。客户接到他的名片时，总是好奇地问：“这个数字代表什么呀？”

他就反问道：“您一生中吃几顿饭？”几乎没有一个客户能答出来。S

先生便接着说：“76650顿饭嘛，假定退休年龄是55岁，按照日本人的平均寿命计算，您还剩下19年的饭，即20850顿……”

这让客户既感到新奇，又感到生命紧迫，话题自然而然被引到寿险的意义上来，沟通便在这种引人深思却又不失好奇的氛围中展开。

名片是销售人员自我延伸的一部分，是一种与人沟通的桥梁。设计新颖、引人好奇、职衔醒目、表达明确的名片，是销售人员的有力武器。

在自我介绍中，不同凡响的自我介绍往往引人入胜，而以“特殊的名片”介绍作为开场白更是出奇制胜。

有一次，美国推销大师甘道夫去拜访一家工厂的老板。

进了老板的办公室后，甘道夫坐在老板的左边，而他身上所带的，只有一本黄色的名片夹。

接着，甘道夫将名片递交给老板，对他说：“目前，市场上有许多保险从业人员和财务顾问，因此，我认为你应该知道我的背景，你可以从我的名片中看到，我是百万圆桌协会的终身会员，这是寿险业的最高荣誉，在全世界那么多的寿险业务员中，只有几千人具有终身会员的资格。”

老板听完后，点了点头，甘道夫接着说：“我名片上NQA是表示所有与我合作的客户中，有超过90%的人至今仍然与我合作，这表示我喜欢长远的关系，所以我会与客户保持密切的联系，并随时留意他们的状况。”

“CLU是表示什么意思？”

“是表示我持有人寿保险从业资格证。另外，我还是天主教的信徒，在许多场合我作过无数场关于人寿保险的演讲。”

……

因为甘道夫一开场就打动了这位老板，最后成交了高额的保单，而且他还为甘道夫介绍了许多客户。

善用名片作开场白吸引客户，也是顶尖销售员必须具备的技巧。

（2）从关心客户的角度出发

有些销售员在一开始就像背诵课文一样介绍产品的相关信息，希望一股脑儿把所有有关产品的信息迅速灌输到客户的头脑中，却根本不考虑客户是否对这些信息感兴趣。这种带有明显推销意味的开场白就已经为销售的失败埋下了种子。

某保健品公司的销售员小杨进入一个住宅小区，看到小区绿地的长椅上坐着一位孕妇和一位老太太，她走到小区保安那里假装不经意地问："那好像是一对母女吧？她们长得可真像。"

小区保安回答："就是一对母女，女儿马上就要生孩子了，老太太特地从老家来照顾她。"

小杨也来到了绿地旁，她亲切地提醒孕妇："不要在椅子上坐的时间太长了，外面有点凉，你可能现在没什么感觉，等回去以后会感觉不舒服的，生下小孩以后就更要注意了。"然后她又转向那位老太太："现在的年轻人不太讲究这些，有了您的提醒和照顾就好多了。"

老太太说："就是，现在的年轻人啊，你跟她说啥她都不当回事……"

她们从怀孕和生产后的注意事项一直讲到生产后身体的恢复，再讲到老年人要加强保健时，小杨已经和那对母女谈得十分开心了。接下来，那对母女已经开始看小杨随身携带的产品资料和样品了……

如果小杨事先没有关注客户的需求，没有对客户表示关心，那么即使她把产品说得天花乱坠也无济于事。销售人员友善待人，关心客户，客户就会乐意跟你打交道。

有时候，销售员并不能当场就抓住客户面临的问题，这就需要在与客户面谈之前花些时间和精力去调查客户的资料，这样才能知道客户有什么问题要解决。

"对不起，我只给你 5 分钟。"对于前来拜访的销售员鲁先生，一家公

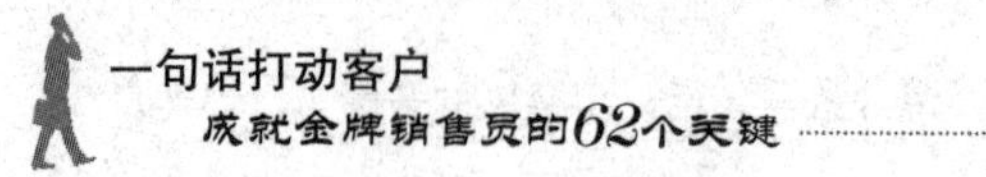

司的董事长冷冰冰地对他说。

“贵公司看似庞大，但现在暗藏危机。”鲁先生说，“你们推崇的居家服饰风格，现在已经被别人模仿；你们所谓的 ×× 式按摩法，其实早已不独特；您放言要在 5 年内开 2000 家加盟店，但现在还不足 300 家，如果想要高速发展，就必须有自己强大的核心竞争力。”

鲁先生的这段开场白让董事长大吃一惊，作为一家资产数亿的知名企业，这位素未谋面的销售员，居然一语击中其要害。

5 分钟的讲话时间，不知不觉地被延长了 3 个小时。鲁先生和董事长谈了很多自己的想法和建议，深受董事长的欣赏。一周后，鲁先生收到了这家公司的首批定金。生意成交了。

很多销售员在刚接触客户时，心里都只是想着自己的生意，一心只想向客户推销自己的产品或服务。他们的眼睛盯着客户的钱包，一门心思考虑如何让客户掏出钱来，对客户的心情和利益都毫无兴趣。自然，客户们也会捂紧自己的钱包，像防贼似的提防着他们的算计，并且反感销售员为了一己私利的销售陈述。

在这种情况下，要想销售出产品就非常不容易了。如果销售员关心客户的利益，旨在为客户解决问题，带着一个有益于客户的构想去拜访客户，就能实现双赢，为自己的销售开辟一条坦途。

（3）激起客户的兴趣

这种方法在开场白中运用得最多、最普遍，使用起来也比较方便、自然。激起客户兴趣的方法有很多，只要我们用心去观察和发掘，话题的切入点是很容易找到的，让我们来看看约翰·沙维祺在销售当中是如何激发客户兴趣的。

约翰·沙维祺是美国百万圆桌协会的终身会员，是畅销书《高感度行销》的作者，他曾被美国牛津大学授予“最伟大的寿险业务员”称号。一次他打电话给美国哥伦比亚大学的一位教授强森先生，其开场白如下：

“哲学家培根曾经对做学问的人有一句妙语，他把做学问的人在运用材料上比喻成三种动物。第一种人好比蜘蛛，他的研究材料不是从外面找来的，而是由肚里吐出来的，这种人叫蜘蛛式的学问家；第二种人好比蚂蚁，堆积材料，但不会使用，这种人叫蚂蚁式的学问家；第三种人好比蜜蜂，采百花之精华，精心酿造，这种人叫蜜蜂式的学问家。教授先生，按培根的这种比喻，您觉得您属于哪种学问家呢？”

这一番问话，使对方谈兴浓厚，最终两人成了非常要好的朋友。

引起客户的兴趣在很大程度上是激发客户需求欲望的前提，销售员应该知道，对你和你的产品没有兴趣的人是不会成为你的客户的。所以销售员在与客户见面时，必须抓住客户的兴趣，再根据客户的兴趣进行重点沟通。

（4）切中客户需求

一般说来，如果销售员仅仅从个人的意愿出发，过多地吹嘘自己的产品，那么，将很难吸引客户。然而当销售员站在客户的立场，设身处地替客户着想，则容易引起共鸣，赢得好感。

还在计算机刚刚兴起的年代，IBM 公司的一位销售员到一家公司推销计算机，一开始就被该公司的一位主管拒绝道：“我们很忙，没有时间学习计算机操作。”

销售员微笑回答：“我知道你们都很忙，今天我正是想帮你们的忙。”

当对方开始流露出关注的表情时，他继续说道：“你们上忙下忙不是因为不勤快，而是没有重视高科技的作用。我计算了一下，如果贵公司各部门人员都会熟练操作电脑，将会减少 2/5 的工作量。”

短短几句话，恰好说到了主管的心里，他抱着很大的热情开始了与销售员的进一步洽谈，最后签下了一批合同。

这位销售员的开场白，句句显示出从客户需求考虑的良苦用心。这样，推销对象会因销售员体贴的言谈而有所触动，然后随着销售员的思路考虑问题。因此，这次推销获得了成功。

（5）正话反说

在推销活动中，销售员如果能恰当地运用正话反说的技巧，也能收到意想不到的效果。

一位洗衣机厂的销售员在拜访一家商场的批发部经理时，迎面即问道："您愿意卖500台洗衣机吗？"话一出口，引起了经理的极大兴趣，立即与他交谈起来，继而开始了进一步的探询。当了解到该厂将运用一系列推广策略来带动市场后，这位经理高兴地与销售员签下了一批合同。

其实，这位销售员只是运用了"买"与"卖"的一字之差。如果销售员说"买"，那位经理很可能拒绝谈论这个话题。而聪明的销售员改说"卖"，正好说中了经理的所思所想，在他的心里引起了较大的共鸣。

这种正话反说的策略，打破了客户对销售员的固有印象，是引起客户注意，进而促成购买的有效方法。

综上所述，设计开场白的方法多种多样，开场白的技巧是一种灵活运用这些方法的艺术。然而，这并不意味着开场白就是即兴发挥。好的开场白是充分准备后的良好表现。因此在与客户见面之前，销售员需要通过各种渠道了解客户的基本情况，包括购买力、购买计划、预计购买时间、对品牌的偏好、使用目的等信息。同时，还要有针对性地模拟洽谈场景。从客户的角度出发，找出产品最有吸引力的地方，从而在开场白中迅速吸引客户。

总之，一个与众不同，引人入胜的开场白，将助你叩开推销之门，走向成功。

金牌销售经验谈

①通过有吸引力的创意性开场白赢得了客户的注意，也就向成功销售

迈进了一大步。

②万事开头难，做推销更是如此。销售员应做好充分准备，提前设计好一个有创意的开场白。

③针对不同客户的具体情况、身份、人格特征及条件，有针对性、有技巧、有礼貌地进行颇有创意的开场白。

6.销售员的11种经典式开场白

如果销售员一进门就推销或者讲价格，往往会引起客户的反感，甚至直接被客户赶出门外。销售人员与客户见面就对产品大谈一通，是很多人讨厌销售员的原因。如何引起客户的兴趣，如何用第一句话抓住客户的心，这是需要精心准备的。本节将系统全面地概括出一些经典开场白。以下是销售高手常用的一些经典开场白：

（1）招呼式开场白

销售员与客户打交道，见面后的第一礼节就是和客户打招呼并问候客户，然后才能进入实质性问题的探讨。

例如：

“您就是曲经理吧？您好，您好！”

“听口音，您是东北人吧？”

“哦！您也喜欢养鸟？”

就这样，通过恰当的询问，来了解客户的身份、性格、籍贯和爱好等，心理学上叫“语言握手”，可以说是探察对方相关信息的外围战。

掌握了这些信息，也就有助于形成自己的判断标准，进一步的交流就比较好进行了。比如得知对方是东北人后，就可以谈谈东北的风土人情；

对方喜欢养鸟，你可以谈谈养鸟之道。

那些富有经验的销售员能从客户的衣着、墙上的字画甚至玻璃板下压着的东西判断出对方的身份、知识水平、性格爱好等，从而提出巧妙的问候，通过问候进一步证实自己的判断，并使谈话步步深入。

（2）感激开场白

在初次见面的时候，你可以以感激作为开场白：

“×× 先生，很高兴您能够接见我。我知道您很忙，我也非常感谢您在百忙之中能够给我几分钟。我会很简要地说明。”

当你凡事都向人致谢的时候，你就会引起他们的自我肯定心态，并让他们对你心生好感。不管准客户为你做了些什么，你都要说声“谢谢”，这样会让准客户更喜欢你、更尊重你。

（3）深刻印象开场白

有一位销售员去某家公司作产品介绍，他就是用了这种令人印象深刻的开场白：

“我们是本行业里最大的一家公司。我们在这个产业中已有 28 年的历史，而且我们的母公司是业界一个拥有 120 家优秀企业的世界性集团。我们的名气是来自我们每收客户一元钱，就会为他省下五元钱。”

这是一个令人印象非常深刻、引人注意的开场白。他让自己及他的公司被视为业界重量级的角色，最后他做成了价值好几万元的大买卖。

这位销售员在产品介绍中提到了决定准客户是否向你购买的三大影响力：你的公司规模、公司在行业中的历史，以及产品的市场占有率。

（4）两分钟开场白

“您有两分钟吗？我想向您介绍一项让您既省钱又提高生产力的产品。”

当你说这句话的时候，拿下你的手表，放在客户的桌子上。当你说至一分钟又 50 秒的时候，尽管还没说完，一定要打住，然后说：“两分钟时间到了，我希望告诉您一件事：本公司言出必行，如果您允许的话，我可以再继续。要不然，就此告辞。我知道您很忙，这是我的名片。”

你会惊讶地发现，多数时候你会被留下，而且拿到订单。

（5）信息开场白

销售员向客户提供一些对客户有帮助的信息，如市场行情、新技术、新产品知识，等等，会引起客户的注意。这就要求销售员能站到客户的立场上，为客户着想，尽量阅读报刊，掌握市场动态，充实自己的知识，把自己训练成为本行业的专家。

客户或许对销售员应付了事，可是对专家、新技术等则是非常尊重的。如你对客户说：“我在某某刊物上看到一项新的技术发明，觉得对贵厂很有用。”

销售员为客户提供了信息，关心了客户的利益，相应地也会获得客户的尊敬与好感。

（6）带戏剧性的产品展示开场白

销售员利用各种戏剧性的动作来展示产品的特点，是最能引起客户的注意的。

一位消防用品销售员见到客户后，并不急于开口说话，而是从提包里拿出一件防火衣，将其装入一个大纸袋，旋即用火点燃纸袋，等纸袋烧完后，里面的衣服仍完好无损。这一戏剧性的表演，使客户产生了极大的兴趣。

卖高级领带的售货员，光说“这是 ×× 牌高级领带”，这没什么效果，但是，如果把领带揉成一团，再轻易地拉平，说“这是 ×× 牌高级领带”，就能给人留下深刻的印象。

（7）利用产品开场白

用产品吸引客户也不失为一种很好的方法。这是销售员直接利用推销产品引起客户的兴趣和注意进而转入面谈的一种方法。这种方法最大的优点就是让产品做自我推销，让客户接触产品，通过产品自身的吸引力，引起客户的注意和兴趣。

河南省一乡镇企业厂长把该厂生产的设计新颖、做工考究的皮鞋放到某商厦经理办公桌上时，经理不禁眼前一亮，问：“哪产的？多少钱一双？”

广州表壳厂的销售员到上海手表三厂去推销，他们准备了一个产品箱，里面放上制作精美、琳琅满目的新产品，进门后不说太多的话，把箱子打开，一下子就吸引住了客户。

（8）巧用小赠品开场白

每个人都有希望免费尝试的心理，赠品就是利用人们的这种心理进行营销。很少人会拒绝免费的东西，用赠品作敲门砖，既新鲜，又实用。

（9）借用第三者开场白

告诉客户，是第三者（客户的亲友）要你来找他的。

这是一种迂回战术，因为每个人都有“不看僧面看佛面”的心理，所以，大多数人对亲友介绍来的销售员都很客气。

“马先生，您的好友××先生要我来找您，他认为您可能对我们的印刷机械感兴趣，因为，这些产品为他的公司带来很多好处与方便。”

打着别人的旗号来推介自己的方法，虽然很管用，但要注意，一定要确有其人其事，绝不可能自己杜撰，要不然，客户一旦查对起来，就要露出马脚了。

为了取信客户，若能出示引荐人的名片或介绍信，效果更佳。

（10）名人效应开场白

人们的购买行为常常受到其他人的影响，销售员若能把握客户这层心理，好好地利用，一定会收到很好的效果。

“李厂长，××公司的张总采纳了我们的建议后，公司的营业状况大有起色。”

举著名的公司或人为例，可以壮自己的声势，特别是，如果您举的例子，正好是客户所景仰或性质相同的企业时，效果就更会显著。

（11）假设开场白

假设问句开场白指的是将产品最终能带给客户的利益及好处，转换成一种问句的方式来询问客户，借此让客户在你一开始进行产品介绍时，就能产生好奇心及期待感。

举例来说，假设你的产品最终能带给客户的利益点是可以节省他们的某些成本开支和增加他们的某些利润，那么在一开始接触客户时，我们可以直接问："先生，如果我有一种方法能够帮助您每月提高 1000 元的利润或节省 1000 元的开支，请问您会有兴趣抽出 10 分钟的时间来了解吗？"

使用此种问句方式，让客户给你一个机会，开始介绍你的产品。而当介绍完之后，只要你能够证明你的产品或服务定会达到当初所承诺的效果，那么这个客户就不会说"没有兴趣"。

或者你可以问："假设我有一种方法可以帮助你们公司提高 20% ~ 30% 的业绩，而且这一方法经过验证之后真正有效，你愿意不愿意花几百元钱来投资在这件事情上面呢？"

在这种情况下，如果客户的回答是肯定的，那么接下来你所要做的产品介绍和说明，就是很简单地去验证你的产品和服务是否能帮助客户提高他们的业绩，那么自然而然地他们就能够做出购买决定了。

找出在你的产品销售过程中最常见的客户抗拒点，可以使用假设问句法来询问你的客户。

例如你所销售的是健康食品，而一般客户可能最常见的抗拒点是怀疑产品的有效性，那么你可以一开始就这样问："如果我能证明这一产品真的有效，您是不是会有兴趣购买呢？"

使用这种假设问句法，让客户自己回答说："只要……我就会买。"

让客户自己做出承诺。这样之后，只要你能证明产品是有效的，客户购买的意愿自然就会增加。任何一位客户都不会被别人说服，能够说服他的只有他自己。

综上所述，设计开场白的方法多种多样，开场白的技巧是一种灵活运用这些方法的艺术。然而，这并不意味着开场白就是即兴发挥。

好的开场白是充分准备后的良好表现。因此在与客户见面之前，销售员需要通过各种渠道了解客户的基本情况，包括购买力、购买计划、预计购买时间、对品牌的偏好、使用目的等信息。同时，还要有针对性地模拟洽谈场景。从客户的角度出发，找出产品最有吸引力的地方，从而在开场白中迅速吸引客户。

总之，一个引人入胜的开场白，将助你叩开推销之门，走向成功。

金牌销售经验谈

①拜访陌生客户，应该首先做一下自我介绍，让客户清楚自己是谁，是来做什么的，避免让客户产生“一头雾水”的感觉。

②在开场白中可以向客户提出只占用客户很短的时间，暗示客户不会耽误他太长时间，避免客户产生反感。

③开场白中要避免敏感话题，例如宗教信仰、对政治立场的看法或者一些不愉快的话题等；另外，个人隐私，以及有失风度、有损人品道德的话题也要避免谈论。

④在开场白中向客户提问时，应尽量少问一些答案为“是”或者“不是”的问题，而是尽量让客户多说话。只有客户多说话，我们才能从言语中获得更多的关于客户的信息，更了解客户，从而更顺利地销售产品。

第二章 用一句幽默话开启销售之门

所谓幽默是指借助多种手法，运用机智、风趣、凝练的语言所进行的一种艺术表达，幽默的语言表达能起到多种作用。

推销作为一门艺术，也需要幽默。幽默可以说是打开销售成功之门的金钥匙，它具有很强的感染力和吸引力，能让客户在会心一笑后，对销售员、产品或服务产生好感，从而诱发购买动机，促成交易的迅速达成。销售员在推销活动中，如果能充分运用幽默的语言去表达，将会使推销工作事半功倍。

1.以幽默接近客户

在人际交往中，幽默是人与人之间有效的润滑剂，幽默能产生活泼交往的气氛。在双方正襟危坐、言谈拘谨时，一句幽默的话往往能妙语解颐，让举座皆欢，气氛顿时就可以活跃起来。同样，在销售场合，幽默也具有许多妙不可言的功能。它能使严肃紧张的气氛顿时变得轻松活泼，能让人感受到说话人的温厚和善意，使销售员的观点变得让人容易接受。

有幽默感的销售员是受人欢迎的，幽默是接近客户的最佳方法之一。让我们看看推销之神原一平是怎样以幽默化解拒绝，以达到接近对方的目的。

原一平曾经为自己矮小的身材而苦恼过，但后来他想通了，遗传基因是难以改变的，克服矮小的最佳办法就是坦然接受，然后设法将这缺点转化成为优点。

有一次，原一平的上司高木金次对他说："体格魁梧的人，看起来相貌堂堂，在访问时较易获得别人的好感；身材矮小的人，在这方面要吃大亏。你、我均属身材矮小的人，我认为必须以表情取胜。"

原一平从这番话中获得很大启发。从那时起，他就以独特的矮身材，配上他经过苦练出来的各种幽默表情和幽默语言，在他向客户介绍情况时，经常能逗得大家哈哈大笑，令人觉得他可爱可亲。如他登门向人家推销人寿保险业务时，经常有以下一些对话：

"您好！我是××保险的原一平。"

"啊！你们公司的业务员昨天才来过，我最讨厌保险了，所以他被我拒绝了！”

“是吗？不过，我比昨天那位同事英俊潇洒吧！”原一平一脸正经地说。

“什么？昨天那个仁兄长得瘦瘦高高的，哈哈，比你好看多了。”

“矮个子没坏人，再说辣椒是越小越辣哟！”

“哈哈！你这个人真有意思。”

就这样，原一平与每一个客户交谈后，都能给人留下深刻印象，生意往往就这样做成了。原一平以出色的幽默推销术连年取得全国最佳的推销业绩，被尊称为“推销之神”。

作为一位优秀的销售员，首先要善于推销自己，具备很快亲近客户，并打消客户戒备和抵触心理的本事，从而达到成功推销产品或服务的目的。

原一平很善于推销自己，他正是运用了夸张的语言构成了幽默，才迅速同客户亲近起来，成功地推销了本公司的保险业务。由此可见幽默具有神奇的魅力。

我们可以这样理解：幽默的目的在于预先创造笑声，创造与客户和谐的场面，消除陌生感，拉近与客户的距离，从而使客户的拒绝说不出口。这正是幽默之所以能有效亲近客户的原因。

在销售过程中，幽默是办事制胜的法宝。适当讲一些小笑话，也能迅速降低客户对销售员的敌意，促使销售成功。试想一个只会叫客户不断购买产品的销售人员，怎么可以跟客户很好地交流呢?

有一次，销售员小王去拜访一个经销商，就出现了十分尴尬的局面。当时还是市场的淡季，那位经销商正对卖不出去的产品一筹莫展，而小王可能因为才从业的缘故，没有经验，一阵寒暄之后，他觉得没有必要耽搁经销商的时间，就单刀直入，谈了自己去的原因，但是效果很是不好，经销商不但没有接受小王的意见，而且还显得十分不耐烦。终于，在交涉无果的情况下，小王揣着一颗沉重的心，悻悻而去。

正巧这天晚上，小王在电视上看到一个很好笑的笑话，就把它记了下来，第二天，小王又去经销商那儿，闲聊时把这个笑话说给他听了，结果第二天的交谈相当愉快，经销商也很乐意地接受了小王的建议。

两种不同的交谈方式，两种不同的结果。作为销售人员，当然愿意选后者了。人生很多时候，固然是靠才能闯荡职场，谋生求发展的，但某一关键时刻、某一特殊场合，助我们一臂之力的往往又不是那些十分重要的才华技能甚至阅历资质，而仅仅是一句极富幽默的话语。人人喜欢幽默，一个恰当的幽默就可以让我们平添胜算。

无论如何，只要设法把客户逗笑了，然后自己跟着笑，当两个人同时开怀大笑时，陌生感就消失了，彼此的心也就在某一点上面沟通了。这不仅增添了谈话的趣味，也会因为你的思维敏捷和机智，博得客户的好感。

总而言之，对于销售人员而言，把幽默带进销售领域，创造一个与客户齐声大笑的场面，形成幽默的销售风格，在激烈的市场竞争中就会多一份获胜的希望和意外的惊喜。

金牌销售经验谈

①幽默是销售过程中所需掌握的最重要的沟通技巧之一。如果你能够让客户笑，那你就能够让他们买。

②幽默只是手段，不是目的，不能强求幽默，否则反而弄巧成拙。

2.不失时机地来一句幽默

人们大多喜欢和具有幽默感的人交往，因为他们能给人带来一种心灵上的愉悦和轻松。在现实中，我们同样看到，幽默的销售员大多比一本正经、严肃的销售员受客户的欢迎，同样他们的销售业绩要好很多。

可惜，很多销售员却忽略了这点，在不知不觉中认为自己所从事的工作是一件很严肃的事情，便在和客户交流沟通的时候，表情严肃，言语认真，但他们这样一来使得原本就生活在各种各样压力下的客户在不知不觉中感到沉闷，从而丧失了继续倾听和了解的兴趣。

销售员在推销过程中，如果能充分运用幽默的语言去表达，不失时机地来一句幽默，将会使推销工作事半功倍。

一次，有个销售员去一家日杂公司推销一种带秤的菜篮。经过一番热情的介绍后，日杂公司总经理同意进货，但每只出价不超过3.5元。听到这个价格，销售员哈哈一笑，说："王经理，您真是抢劫啊，您过去可是个大好人啊。"

王经理闻言一愣，接着笑了，问："我抢你什么了？"

"抢了我的命呀！你瞧，现在一只普通的篮子也不止3.5元，更不用说还带计量器具了。市场上一只最便宜的弹簧秤也要2元钱。经理先生你能否高抬贵手，我用最优惠的价给你，4.5元一只。"

"哈哈，是这样啊！但这样我就有了被抢劫的感觉。"

"你的感觉来自我的传染，不是出自内心！"

经过几番舌战，终于以每只菜篮4.4元成交。

从上面这个事例可以发现，语言艺术在产品推销中具有重要意义。只要语言运用恰当，严肃的谈判就变成了朋友间的玩笑。当少了隔阂、多了些轻松和幽默时，推销任务就在谈笑中圆满完成了。

在与客户的交流中，销售人员一句不失时机的幽默至少有以下几个方面的作用：

（1）摆脱尴尬的场面

曾经有个销售玻璃杯的人，在向客户做展示的时候说他的杯子采用特殊材料制成，不容易摔破，摔破的概率仅为1%，他随即拿了一只杯子摔在地上，只听哗啦一声，杯子被摔碎了。气氛顿时异常尴尬，这位销售员却不紧不慢地说："这就是那1%。"客户听到这句话，都露出了会心的微笑。

可见，幽默的销售员往往能让人觉得很睿智，他们总能在紧急关头通过一个简单的笑话缓解气氛，摆脱困境。

（2）创造活泼的销售气氛

小刘是一个做糖烟酒批发的销售员，当顾客说买糖的时候，他就会说："是买甜的糖是吗？"顾客就笑着说："嗨，当然是甜的呀，傻小伙子。"每当顾客说买盐的时候，小刘也会加句话："是买咸的盐吗？"同样顾客也是回应："呵呵，难道有甜的辣的盐吗？当然是咸的啦。"

就加上这么一句话，使这些顾客都笑起来，很高兴，而且对小刘的印象很深刻。一次，一个顾客再来光顾的时候，说："给我拿一包甜的盐来。"周围的人就都笑了。

可见，轻松活泼的幽默气氛能让客户觉得和你做生意是一件非常愉快的事，不过运用这种幽默的时候，要看清楚对方是个怎样的人。如果对方不喜欢开玩笑的话，就不要说了，不过大部分人是不会反感这种幽默的。

（3）避开竞争

某条街上有甲乙两家裁缝店，甲店为了在竞争中获得更多的客户，在门口挂了一个招牌，上面写着：本店是全国最好的裁缝店。

乙店为了应对它的挑战，也在门口挂了一个招牌，上面写着：本店是这条街上最好的裁缝店。

结果，乙裁缝店的生意明显比甲店好得多。

案例中，甲店明显有吹牛夸张的嫌疑，而乙店不仅不与其针锋相对，反而反其道而行之。因此，幽默的宣传更能让客户信服。

（4）对付客户的刁难

有些时候，幽默还能用来对付客户带些刁难性的要求。如：

有位客户为难服务员说：“我要八只扇贝，不能太大也不能太小，不能太老也不能太嫩，懂了吗？”

服务员机智地问了一句：“顺便问您一下，您是要带珍珠的还是不带珍珠的？”

这一幽默的反问，使得客户无言以对，反而佩服服务员的机智，不得不改变自己的要求。

（5）扭转客户异议

有位秃顶的先生在商店里闲逛，店员向他打招呼说：“先生，买顶帽子吧，好保护您的头发。”

这位顾客说：“笑话！我这几根头发数都数得过来，保护个啥？”

没想到店员却说：“戴上帽子，别人怎么会数得清您的头发呢？”

顾客听后大笑，想想这话有理，就买了一顶。

虽然顾客秃顶，但销售员的话不仅没有触及顾客的痛处，反而让他感觉到销售员为他着想的幽默。

可见，幽默是最好的润滑剂，当你和客户发生摩擦时，来一句幽默吧，让你们的不愉快降低到最小；当你们的交谈顺利时，也要加点幽默，让你们的接触更全面，更快地达到彼此合作的目的。

幽默的人走到哪里就会将愉快带到哪里。如果你是一个幽默的销售员，那在整个交易过程中，你的幽默将使整个过程轻松愉快！

金牌销售经验谈

①不失时机来一句幽默的时候要保持微笑，如果没有笑容，玩笑就很可能被误认为是讽刺。

②幽默的语言不应该冲淡谈话主题。销售员和客户交谈的主题只有一个：达成交易。销售员的幽默语言如果将客户的思路越拉越远，最后就会冲淡谈话的主题，使交易失败。

③和客户开玩笑要把握好时机。客户的异议很难处理时，销售员可以借助幽默将这种异议轻轻地带过，让客户自觉地不再提出这样的问题。

3. 利用幽默来营造一个愉快的沟通氛围

生活中没有幽默是乏味的，人们一般都不喜欢非常严肃的话题，所以适当地加一些幽默的内容，创造一种轻松的气氛，交往也会变得更顺利。幽默也是销售员应该掌握的最重要的沟通技巧之一，是销售员和客户建立友谊的桥梁。

如果一位销售员在向客户销售产品时，像一台机器一样，语言机械而生硬，缺乏幽默感，那么很难想象他能讨得客户的欢心。在销售过程中融进一些轻松幽默不失为一种恰当的策略，同时它也能使你的生意变得十分有趣。

恰当的一句幽默犹如甘露一般直抵客户的心田，能营造一个愉快的沟通氛围。其作用主要表现在三个方面：提起客户的兴趣、解决客户的异议、缓解客户情绪。

心理学专家的研究结果显示：人在倾听时注意力每隔五至七分钟就会有所松弛，要想使人重新集中精力，就需要对他们进行一些相应的刺激，为其制造一些兴奋点，以此来吸引他们的注意力。

同样，在销售人员向客户推销产品的时候，客户也会出现视觉和听觉上的疲劳状态。那么销售员应该如何去刺激他们呢？最好的方法是在谈话中适时插入一些幽默风趣的语言，这对于消除对方的心理疲劳是有很大帮助的。

一个销售员去拜访一位客户，客户很被动，谈话气氛非常单调。于是销售员假装去闻客户桌子上的花，却故意让花朵下的刺扎了一下额头，销售员大叫一声："真是幸运哦！"

客户急忙问："怎么了？"

"我的额头被刺扎了一下。"

"那怎么还说幸运呢？"

"哎哟，"销售员假装疼痛地说，"幸亏扎的是我的额头而不是眼睛。"

说完，他们都哈哈大笑起来。谈话的氛围也明显轻松了许多，推销自然也就能够顺利进行了。这是因为销售员对客户来说完全是陌生人，开始并不被客户了解。如果销售员在访问会谈时对人和蔼可亲，随时展现笑容，不失时机地来一句幽默对于销售产品当然助益很大。

其次，在销售过程中，有时不免出现紧张局面，甚至陷入僵局，这时如果销售人员恰当地使用了幽默的语言，就会化尴尬为自然，化敌意为友好，使对方在欢快的气氛中领悟你的意图，进而打破僵局，出现柳暗花明又一村的境地。

小李是一家外卖公司的销售员，一天，他为一位客户送餐，这位客户看上去似乎心情不太好，就在小李正要走的时候，这位客户突然叫住了他："等一下，你过来看一下！"

小李："您还有什么事吗，先生？"

客户："你看看你们的菜，里面怎么还有小虫子，你们这是在做菜吗？"

小李："真是对不起，我给您换一份。不过它可真是太聪明了，竟然知道什么是最好吃的东西！"

客户："这……呵呵，好吧，既然这么好吃，我明天还要这道菜吧。但记住，我可不希望明天的菜里又有虫子来游泳。"

与客户沟通时，类似上述的危机情况时有发生，例如客户要求退货、销售员约见客户时迟到等等。危机产生时，销售员如果能恰当地用幽默加以应对，往往能够化解客户的异议，避免冲突的发生，扭转局面，获得意想不到的效果。

另外，当客户在享受服务遇到麻烦时，通常都不会有好情绪，如果销售员在这种情况下接触到客户，就不要急着向客户提问，过于平铺直叙地回应客户，而是要适当地运用幽默感，缓解客户的紧张情绪，然后再进一步采取有效的解决措施。

一个客户在自动取款机上取款时，结果由于操作不当被机器吞了银行卡。于是她慌忙找到客户经理，焦急地说："我的卡被吞了，怎么办啊！怎么办啊！"客户经理听后没有马上向客户询问具体情况，而是非常冷静幽默地说："哦，我说怎么早上发现少了一台机器，原来是被你的卡给吞了！"一听这话，客户转而笑了起来，气氛马上轻松了很多。接着客户经理才开始向客户询问具体情况，并为其解决了问题。

一个优秀销售员必须富有幽默感，销售员的幽默反映出自身乐观的心态，能获得客户的信赖，问题的解决也就变得容易多了。

但是也要注意，在你打算轻松幽默一番之前，最好先分析下你的产品和你的客户，一定要确信不会激怒对方再开玩笑。因为有时候幽默也许根本不起作用，而且还会适得其反，冒犯客户。幽默要运用得巧妙、有分寸，才会达到效果。在以下几种情况你就不宜幽默：

①属于一本正经、严肃型的客户，你对他开玩笑会让他觉得你不重视他。

②销售特殊的产品，如矫正仪器，一定要小心你的一言一语，切不可触及客户的痛处。

③不能开低级趣味的玩笑，不然客户很容易对你的人品产生怀疑。一旦这样，销售就无法再继续下去。

总而言之，优秀销售员大多具有幽默感，幽默不仅让他们拥有好人缘，更快地赢得客户的好感，同时也让他们在面对困难时轻松自如、乐观向上。所以，每一位销售员都应该培养自己幽默感，为自己的销售工作注入更多的动力。

金牌销售经验谈

①有幽默感的销售员能活跃与客户沟通的气氛。

②恰当的幽默可以化解销售危机，消除客户的不满，赢得客户的谅解。

③幽默必不可少，但要注意把握好分寸，不宜过头。适度的玩笑和幽默，其本意绝非取笑他人的无知、错误和动作，而是怀有好意的感情交流。

4. 用幽默打开客户的心扉

恰如其分的幽默具有很强的感染力，也容易打动客户的心，所以幽默的个性能造就商场高手。

人们虽然害怕孤独寂寞，渴望拥有更多的朋友和理解，但面对陌生人又有一种本能的戒备心理和抵触情绪。所以，大多数人碰到陌生人的第一个反应便是关起心扉，然后想去了解探察别人。这时，如果销售员表现出爽朗、幽默的谈吐风度，客户便会慢慢为你打开心扉。

“考虑一下再说”是客户经常使用的拒绝理由之一，话虽然说得很婉转，但真正的想法可能是“我听腻了你那一套说辞，我又不打算买”。

在这种情况下，销售员倘若认为目前时机尚未成熟，就真的请客户好好考虑一下，那未免太过古板了！要处理这种状况是有点棘手，因为客户会说出这句话，多半是在销售员已经做了相当程度的说明后。这时候，销售员就可以用幽默的语言引出客户真正的想法，比如“我是很想买，但是缴费负担太大”。

下面是一个从事保险业务的销售员与客户的谈话：

销售员：“您慢慢考虑当然无妨，反正我就站在你家大门口等你一年、两年，帮您看门！”

客户：“哈哈！别开玩笑了！”

销售员：“哈哈！刚刚那只是开玩笑的了，我要是这么做的话，我的家人岂不是都饿死了！为什么不趁现在就考虑购买，明天开始我又要去跑其他的客户，也许下次来拜访就到明年以后了，我是可以等，但您的小孩能等吗？”

客户：“什么意思？”

销售员：“人生的风险是无形的，一般人在出事后，才懂得后悔当初为什么不先做好风险管理，让自己的孩子拥有一个快乐成长的环境！”

客户：“可是保费那么贵……”

销售员：“太太，一天只要10元。”

客户：“孩子还小，暂时不考虑投保。”

销售员：“正因为孩子还小，趁早投保，让孩子在安全的保障下长大。”

客户：“邻居也买了保险，可是他们的孩子没出任何事情！买保险没有用！”

销售员：“当然是没有用最好了，买保险，无事保平安，有事买保障！”

客户：“让我再考虑一下。”

销售员：“的确，这么重大的事情应该好好考虑，不如让我和您一起考虑，看看还有什么问题，也好多一个人商量商量！”

客户：“必须先跟先生商量一下。”

销售员：“您说得没错！您这么尊重先生的意见，相信先生一定很高兴，只不过当他下班后已经很累了，就算您要和他商量投不投保的问题，他一定会告诉您自己做主，更何况保险既可强迫自己储蓄，更能让全家共享保障，现在就决定投保吧！您先生一定不会生气的，万一他要是生气了，就叫我来，让我给他骂好了！”

这样，如果你接受客户的借口，再以幽默的口吻顺着客户的话意继续述说，就会发觉成功的彼岸离你并不遥远。但记住：口气一定要轻快、幽默，不要和客户争辩，只要略微显示一下自己的心意即可。

幽默并不是说笑话给别人听，而是一种说话技巧，销售员通过幽默间接表达意图，在无伤大雅的情形中表达内心思想，能使销售气氛更轻松、融洽，利于交流。

在销售过程中融进一些轻松幽默能使你的生意变得轻松有趣。否则，你的客户就会保持警惕，不肯放松。幽默语言不仅可以活跃谈话的气氛，还可以刺激客户内心的消费意识，让客户在不知不觉中进入销售员设想的销售思维中。

曾有位销售精英讲过这样一个故事，很耐人寻味：

情人节那天，我和两位同事相约在某酒店吃饭。酒过三巡，不知道怎么进来一个黑瘦的卖花童，突然凑到我们桌前。

我们三个一起摆手，说没有女孩，买什么花啊，找别人去吧！小家伙没动，笑着说：“现在男人也流行送花啊！”说完从怀里抽出一枝玫瑰递给老路说：“叔叔，这个就算我送您的吧！”

我们不解，小家伙一拍胸脯：“我也是男人嘛！”那位同事大窘，为了不让大家误会“男人的感情”，马上掏出十元钱，连说这枝玫瑰算买的。

我在一旁哈哈大笑。没想到小家伙又抽出一枝递给我，对那位同事说：“这枝我替您送给这位叔叔吧！”现在轮到那位同事哈哈大笑了。我忙掏出十元钱，说我也买一枝。他这光棍一条，我可不想接他送的玫瑰！

然后，小家伙从桌上的烟盒里拿出一根烟递给另一位同事，又帮忙点上。小家伙放下打火机说：“老板，我给您捶捶背吧！”说完一手揽花，一手在他背上捶起来。

这位同事冲我们使使眼色，故意说：“我可不买花啊！”小家伙嘿嘿一笑：“老板您不用买花，一会儿给点赏钱就行，这种服务……”听到这儿，同事连连摆手：“好了好了，我看还是买一枝合算。”忙掏出十元钱递过去。

小家伙深深鞠了一躬，道了声谢便转身跑了。我们不禁赞叹他的机灵劲儿。说实话，我们三个可都是公司的销售精英，没想到今天几分钟便让一个卖花小孩“拿下”，实在出乎意料。

当我们走出酒店时，看到几乎每个桌上都摆着几枝玫瑰，连保安的衣兜里都插着一枝……这下我们服了！

成功的销售，源自语言的艺术。出色的销售人员，是一个懂得如何把语言的艺术融入产品销售中的人。美国一项有 329 家大公司参加的幽默意见调查表明：97% 的销售人员认为，幽默在销售中具有很重要的价值；60% 的人甚至相信，幽默感决定销售事业成功的程度。

如果一个优秀的销售员同时又是一个善于制造幽默的高手的话，那么他的销售事业也必将因此而如虎添翼。

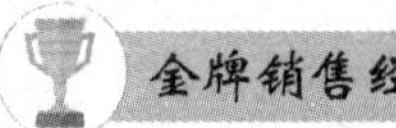

①销售员在销售过程中会遇到千奇百怪的人和事，如果拘泥于一般的原则不会变通，往往会导致销售失败。

②幽默具有很强的感染力，能迅速打开客户的心灵之门。

③销售员的幽默不应该是单纯地为幽默而幽默，所说的言辞、所讲的笑话都要有的放矢，以有助于吸引客户对销售的产品感兴趣为基础。

5.做一个幽默的销售高手

每一个人都喜欢和幽默风趣的人打交道，而不愿和一个死气沉沉的人待在一起，所以幽默的销售员更容易得到大家的认可，一个优秀的销售员必须富有幽默感。

幽默能让客户觉得你生机勃勃、易于交往；幽默能使你富有人格魅力，发挥影响力；幽默能使你巧妙打破僵局，创造奇迹。

有这样一个真实的笑话：

有两个销售保险的业务员，他们分属不同的两家公司。他们都在向一个老板推销保险，这个老板对保险公司的办事效率持怀疑态度。这时A公司的业务员说他的保险公司很多时候都是在意外发生的当天就把支票送到了投保人的手中。

B公司的业务员却对这个老板说："那算什么！我的一位客户不小心从楼上摔下来，还没有落地的时候，我已经把赔付的支票交到了他的手上。"

最后，当然是那个B公司的业务员获得了这个老板的认可。

这虽然是个笑话，却能让人感受到幽默的魅力。幽默可以说是打开销售成功之门的金钥匙，它具有很强的感染力和吸引力，能让客户在会心一笑后，对销售员、产品或服务产生好感，从而诱发客户购买动机，促成交易的迅速达成。

出色的销售人员，是一个懂得如何把幽默的语言艺术融入产品销售中的人。销售员具备了幽默魅力，就有了成功的可能。那么，如何做一个幽默的销售高手呢?

(1) 对生活充满乐趣

对生活失去信心的人是不可能拥有幽默力量的，整天垂头丧气的人也无法体会到幽默的妙处。因此，要成为幽默的人，必须对生活充满期望、热爱、自信，即使身处逆境也乐观豁达。

当心中充满了快乐，就很容易获得有趣的思想，让思维活跃，多从幽默的角度思考问题，多想想事情趣味的一面，就自然会逐步向幽默感靠近。

(2) 收集幽默的资源

幽默也是可以积累的，多听一些相声小品，多看一些幽默小说和喜剧，随时随地都注意收集幽默的笑话故事。世界充满了幽默，要多睁大眼睛去寻找，竖起耳朵去倾听，积累多了，在需要运用的时候也就容易出口即是幽默了。

(3) 机智诙谐

在销售活动中，可以适当地开一些玩笑，但要注意把握好分寸，不宜过头。有些话，说出来绝对不幽默，你不妨先从检讨这些习惯开始做起：

①过度使用同样的字词，或重复相同话题：没人喜欢同样的东西一听再听，就算你没有新故事，也要替角色换个名字和特征。

②不该幽默而幽默，幽默常能换来笑容，但在一些严肃的场合（如检讨会），你的幽默也许能换来一时轻松，却得提防秋后算账。

③过度模仿，有些人会模仿其他人的特征、相貌来搞笑，虽然能暂时博君一笑，但往往充满讽刺，有时会令人反感。

(4) 学会自嘲

在与客户沟通中，总会有处境尴尬的时候。这时，如果用自嘲来对付窘境，不仅能很容易找到台阶，而且还会产生幽默的效果。在销售工作中，销售员如果适当地使用自嘲，不仅可以博得对方一笑，也连带拉近了和客户之间的距离。

这种自嘲的幽默方式被许多幽默之人所使用，例如一位老师，虽然未到中年，但是头发已经大多秃光了，于是许多学生在背地里叫他“秃头老师”。后来这位老师干脆在课上说：“其实我倒希望我的头发可以掉光，这样我在上课时教室里的光线就会更明亮一些。”这惹得课上的同学一阵大笑，后来同学们都对这位老师尊敬无比，再也没有人叫他“秃头老师”了。

（5）妙用比喻

比喻是幽默的重要方法，其主要功能是造成语言的形象性。那些让人感到别致、出乎意料的比喻是幽默滑稽的最佳材料。

在一家高级餐馆里，一位顾客坐在餐桌旁，很不得体地把餐巾系在脖子上。餐馆的经理见状十分反感，叫来一个服务生说：你去让这位绅士懂得，在我们餐馆里，那样做是不允许的，但话要尽量说得和气委婉些。

服务生接受了这项任务，来到那位顾客的桌旁，有礼貌地问：“先生，你是想刮胡子，还是理发？”那位顾客愣了一下子马上明白了服务生的意思，不好意思地笑一笑取下了餐巾。

用比喻进行幽默说话时要自然得体、不露痕迹，给人以天衣无缝的感觉。

（6）善用夸张

根据产品的特点，巧妙地运用夸张，往往能引起客户的注意，从而激发他们的购买欲望。有个销售家庭用品的销售员，每次在销售时都会这样说：“我能向您介绍一下怎样才能减轻家务劳动吗？”虽然产品不一定能完全减轻家务劳动的负担，却能吸引客户的注意，为他的销售打开了一扇门。

（7）巧用反话

在一些销售场合，正话反说，反而会获得出其不意的效果。比如，某销售员在销售电扇，客户一直在挑三拣四，声称不买也可以。销售员顺着客户的意思说：“这电扇确实不好，花那么多钱买一件不如意的东西真是不划算！”客户一听，反而不好再说什么了，有不满意的话也觉得没必要说出口了。接着，销售员乘机用富有同情心的语调说："一般电扇都有这样的毛病。""电扇比空调省电多了……"这样，站在为客户着想的立场讲话，客户心理很容易接受，销售也就容易得多。

销售作为一门艺术，需要幽默。幽默是一种智慧，销售员在销售过程中，将幽默感渗透到销售场景中去，能形成幽默的销售风格。

同时，值得销售员注意的是，运用幽默技巧一定要事先有所准备，要根据不同的对象、不同的情况、不同的环境来选择不同的幽默形式和内容，千万不要弄巧成拙。

金牌销售经验谈

①幽默感并非人人生来就具备，很多时候都需要通过后天的训练来获得和加强。

②当你发现自己置身于趣味的世界中，人际关系也就会因此顺畅起来。

③运用幽默语言时，避免油腔滑调，以免遭客户厌恶。

④幽默取材忌粗俗下流，力求表达清新、高雅。

第三章
一句话唤起客户的好奇心

好奇心是人们希望自己能知道或了解更多事物的不满足心态，是人类认识大自然和自身的原动力。当人对某一事物产生好奇心的时候，便有了努力去探讨的愿望。

销售人员要想使自己的产品引起客户的兴趣，就要设法使客户对产品产生好奇心。好奇心是“心灵的饥饿”，没有人可以抵挡住好奇心的诱惑。当你试图与客户建立联系却遇到难以克服的障碍时，就需要利用人们与生俱来的好奇心理作为攻坚利器，借助客户的好奇心理与客户建立起联系。

1.好奇心——一切出于想要了解的目的

好奇心是一个人产生某种行为的基本动机之一，人们往往格外关注未知的东西。销售员可以利用客户的这种心理来引起客户的注意，从而达到推销的目的。

客户的好奇心是促使产品更新，提高产品销量的重要心理因素。这就是为什么许多人原来计划购买某种商品，最后却拿着另一种商品走出商场。有些人喜欢买促销的产品，也并不是因为价格适中或者是看中了产品，而仅仅是因为促销的东西买的人多，客户想试试大家都在购买的产品到底怎么样。

由此可见，人们在购物时，常常受外界因素的影响，尤其是受好奇心的影响。如果你成功地让客户关注到了你的产品，你们交易成功的概率也就提高了。

一位美国商人鲍洛奇，早年在美国一个城市的最为繁华的街道替老板看摊卖水果。有一次，老板储藏水果的冷冻厂发生了一场火灾。当消防人员赶来把大火扑灭时，16 箱香蕉已被大火烤得变成了土黄色，表面还出现不少小黑点。这些香蕉一点都没变质，相反，由于火烤的原因，还别具一番风味。

老板把这些香蕉送到鲍洛奇的摊位上，让他降价处理。当时，普通香蕉每磅的售价是 4 美分，老板让鲍洛奇以每磅 2 美分降价一半出售。老板还交代，香蕉只要能够卖出去，不至于浪费就行了，即使价格再低一点也可以卖。不少顾客走到摊前，见到这些丑陋不堪的香蕉，都摇着头转到别的摊位去了。第一天，鲍洛奇只卖出了 8 磅。

第二天一大早，鲍洛奇就开始叫卖了 :“各位先生，各位女士，大家早上好！我刚批过来一些进口的阿根廷香蕉，风味独特，只此一家，数量有限，快来买呀！”很快，鲍洛奇的摊前就围了一大群人。众人盯着这些黄中带黑的“阿根廷香蕉”，有些犹豫，不知道要不要买。

看到这么多人围到自己的摊位前，鲍洛奇兴奋极了，立刻说 :“阿根廷香蕉，阿根廷香蕉！最新进口的，我们公司好不容易批到的。这种香蕉产在阿根廷靠海的地区，阳光充足，水分多，风味独特！”人们还是将信将疑，鲍洛奇不失时机地问一位穿着得体的小姐 :“小姐，请问您以前尝过这种‘阿根廷香蕉’吗？”这位小姐在摊位前张望很久，鲍洛奇早就注意到她了。她好奇地盯着这些香蕉，很像打算买，只是还没有最后拿定主意。鲍洛奇决定从她身上打开突破口。

“哦，我可没有，从来没有尝过。这些香蕉蛮有意思的，只是有点黑。”小姐说。

“这正是它们的独特之处，否则的话，它们就不叫阿根廷香蕉了。你见过鹌鹑蛋吧？鹌鹑蛋也是带有黑点，但是鹌鹑蛋却特别好吃，不是吗？”鲍洛奇说，“请您尝尝，您从来没有尝过这种风味如此独特的香蕉，我敢打赌！”

于是他马上剥了一只香蕉递到小姐的手里，小姐接过去吃了一口。

“味道怎么样，是不是非常独特？”鲍洛奇追问道。

“嗯，味道确实与众不同。我买 8 磅。”小姐说。

“这样美味的阿根廷香蕉只卖 10 美分一磅，已经是最便宜的啦。我们公司好不容易弄到这么点儿货，错过机会您想买就买不到了。”鲍洛奇大声吆喝起来。

既然那位小姐已经带头买了，而且说味道独特，再加上鲍洛奇的鼓动，大家不再犹豫，纷纷掏出钱来，想尝尝“进口的阿根廷香蕉”到底是什么样的独特味道。于是你来 5 磅，他来 3 磅，很快，16 箱被大火烤过的香蕉竟然以高出市价一倍的价钱卖得精光。

由此可见，在销售中利用客户的好奇心，是一种行之有效的推销方法。在你满足了他人好奇心的同时，对方也就会不自觉地接受了你的意见。当然上述案例重点是为讲述好奇心对销售的推动作用，案例中的不当行为切不可模仿。

抓住客户的好奇心，是当今销售人员必备的素质。针对客户的好奇心需求，设计一些销售流程，这样就可以引起客户的兴趣，一步一步地朝着我们预想的方向迈进。所以不要坐等能否碰上客户的兴趣所在，而应该主动出击，诱导客户的兴趣，一旦客户表现出感兴趣了，那么就离我们的目标不远了。

金牌销售经验谈

①人人都有好奇心，关键是你如何巧妙地加以运用，以达到成交的目的。

②在销售过程中，诱发客户的好奇心，就能够使客户对产品产生兴趣。

③要想吸引客户的谈话兴趣，就要避免直接谈论产品，首先激发客户的好奇心，引起客户的兴趣，然后从中道出产品的利益，迅速转入面谈阶段。

2.一开始就激发客户的好奇心

好奇心，人皆有之，这是人的一种天性。销售员在第一次与客户的接触中，如果能够先唤起客户的好奇心，然后再切入销售，这样销售成功的概率会大很多。

如果客户对你是谁及你能为他们做什么感到好奇，你就已经引起他们的兴趣了。相反，如果他们一点儿也不好奇，你将寸步难行。也就是说，如果你能激起客户的好奇心，你就有机会发现客户需求，提供解决方案，建立客户关系，进而获得客户的订单。

这就要求销售员不能试图一开始就通过冗长的产品或服务的介绍来引起客户的兴趣，而是要在这么做之前先引起他们的注意和兴趣，从而创造发现客户需求和提高价值的机会。比如：

一位保险公司销售员问客户："请问，您知道一年只花几块钱就可以防止火灾、水灾和失窃吗？"

客户一时无以回答，但心里是想知道答案的。

销售员赶紧接着问："那您有兴趣了解我们的保险吗？我这儿有 20 多个险种可供选择。"

客户听了，由于想听下面详细的介绍，就将注意力转移到这上面来了。

又比如：

一位销售员对客户说："李先生，您知道世界上最懒的东西是什么吗？"

客户自然感到迷惑又好奇。

这位销售员接着说："就是您藏起来不用的钱。它们本来可以购买我们的空调，让您度过一个凉爽的夏天。"

客户一听，好奇心得到了满足，又觉得很有意思，不禁哈哈大笑起来，这个轻松幽默的问题，既不落俗套又能顺利切入到销售话题上。

因此，销售员最好是在一开始就引起客户的好奇心。这样，客户才会津津有味地听你接下来说的每一句话。

也许客户开始被你的问题吸引只是出于好奇心，想知道答案，但是当谜底揭晓后客户还在的话，你就算是抓住客户的好奇心了。之后，你就要想办法让客户对你的产品动心，要通过语言和演示，把产品的特点、性能和优势都描述出来，让客户体会到用你产品的效果。

销售员金克拉推销的产品是很普通的厨房用具——锅，但有一次，他出人意料地对开罚单给自己的工作人员一连卖出两口锅，就是因为他巧妙地利用了人的好奇心。

那天，金克拉因违反交通规则被罚款30美元，那时的30美元还是一笔可观的数额。那天，他拿着罚款通知单去交罚款，当他把钱交给那位处理罚款通知单的小姐手中时，他忽然有了一个念头：如果能够巧妙地抓住这次机会与她搭上关系，也许能弥补这笔损失。

于是，他对小姐礼貌地说："我想打听两件事，可以吗？"

小姐微笑着答道："请讲吧。"

金克拉问道："你大概是独身生活的吗？我想你大概也存了一点钱吧？"

小姐说："嗯，是呀。"

金克拉神秘地说："有一件非常好的、以后你一定用得上的东西，如是你看了喜欢它的话，你会愿意把它买下吗？"

"嗯，我想可以。"

"那件东西现在放在我的车里，那是非常漂亮的东西，确实是件好东西，不但你现在需要，你以后的生活中也会经常使用的。为了让你看看那件东西，能否占用你5分钟的时间？"

"嗯，我愿意看看。"

"那么，就请稍微等一下。"

金克拉赶快跑到汽车里，将那套锅的样品拿来。接着，尽管时间很短，他还是热心地进行了示范表演。随后他问那位小姐是否需要订货。

那位小姐把目光转向一位比她大10岁左右的已婚妇女，问道："如果您处在我的位置，您将怎么办呢？"

没等那位妇女回答，金克拉紧接着说："对不起，我先说几句，请问，如果您站在这位小姐的立场上考虑问题，您将会怎么办？实际上，您是已婚人，结婚以后您所负担的费用会随着家庭人口的增加而加重，我想这些您是完全知道的。请您想想，如果您在结婚之前，能遇到像现在这位小姐这样可以得到一套漂亮的锅的机会，您会怎么办呢？"

那位妇女毫不犹豫地说道："如果是我，就将它买下来。"

金克拉就问那位小姐："这也应该是你想做的事情吧？"

小姐微笑着回答："嗯。"

于是，金克拉就得到了那位小姐的订货合同。

金克拉写完那个合同后，又问已婚妇女："虽然在10年前您没有遇到这样的机会，可是总不能让您和您的家人以后一辈子也不使用这样的锅吧！"

"那倒是。"

"您大概也同样想买这套锅吗？"

"嗯，是的。"

就这样，金克拉很轻松地又做成了第二笔生意。

试想，如果金克拉最初就开门见山地问："你想要一套锅吗？质量非常好的锅，要吗？"他还能做成这笔买卖吗？恐怕不能！他的成功在于先激起了对方的好奇心，使对方迫切地想知道他说的那个好东西究竟是什么。当他得到许可拿出样品后，又不失时机地加以示范，从而证实那东西确实不错，使对方根本没有机会产生"原来只是一口锅呀"这样的想法。

虽然利用好奇心的方法可以很好地促使销售成功，但值得注意的是，这种方法有时候会被客户认为你在耍花招，所以你提出的问题要符合实际，而且答案也要和客户的自身利益相关，因为如果你的答案让客户觉得只是你一个人受益而他丝毫无利可图时，客户会觉得你在欺骗他。

另外，无论利用什么办法引起客户的好奇心理，必须做到真正出奇制胜。在现实生活中，每个人的文化知识水平和经历不同，兴趣爱好也有所不同。在某个人看来新奇的事物，对其他人来说并不一定新奇。如果销售员自以为奇，而客户却不足为奇，就会弄巧成拙。

金牌销售经验谈

①在销售之初，如果你能让客户感到好奇，你就可以发展更多的新客

户，发现更多的需求，传递更多的价值，销售业绩也会大大提高。

②销售员不仅要学会利用客户的好奇心，也要真正做到出奇制胜，这样才能够吸引客户的聆听兴趣。所以这种方法的使用通常要求销售员能够灵活应对，并且有丰富的销售经验。

③激发客户好奇心前，事先提出只占用客户很短的时间，暗示客户不会耽误他太长时间，避免客户产生反感。

3.适时利用客户的好奇心

好奇心是一个人产生某种行为的基本动机之一，人们往往格外关注未知的东西。利用客户的这种心理，把客户的心思吸引到你和你的产品上来，这样才可以让你由被动推销变为主动销售。

你可以观察到，当人们开始产生好奇心的时候，会谈的气氛会变得活跃起来，好奇心使得人们更加投入，注意力更集中，更愿意了解好奇的事物。他们提出问题满足自己的好奇心，也就是要求销售员的帮助。

有时候，客户看完你的产品后，并不想购买。这个时候，你直接向其讲述该产品同其他商家所销售的产品相比，质量如何如何好，价格如何如何低，客户很有可能是听不进去的。但是如果你能抓住客户的好奇心，让客户停下来听你讲解，则能使你销售成功。

一次贸易洽谈会上，卖方对一个正在观看公司产品说明的买方说："你想买什么？"买方说："这儿没什么可以买的。"卖方说："是呀，别人也说过这话。"当买方正为此得意时，卖方微笑着又说："可是，他们后来都改变了看法。""噢，为什么？"买方问。于是，卖方开始了正式推销，该公司的产品得以卖出。

该事例中，卖方在买方不想买的时候，没有直接向其述说该产品的情况，而是设置了一个疑问："别人也说过没有什么可买的，但后来都改变了看法。"从而引发了买方的好奇心。于是，卖方有了一个良好机会，向其推销该产品。

可见，激起客户的好奇心是引导客户进行有效会谈的最佳方式之一，有好奇心的客户更愿意更多地了解你的产品和服务。

可惜的是，并不是人人懂得利用好奇心的妙处，有些销售员花费了大量的时间来满足客户的好奇心，却很少想过要主动激发客户的好奇心。他们的看法是自己的价值存在于自己为客户所提供的信息上，所以就四处进行拜访，不厌其烦地向客户反复陈述自己的公司和产品的特征以及能给客户带来的利益。但是客户不感兴趣，所有努力都是徒劳。

除了销售刚开始的时候设法引起客户的兴趣之外，在成交前的其他阶段，也要善于在好奇心上做文章，才能让客户做出令人满意的决定。

某百货公司老板曾多次拒绝接见一位领带销售员，原因是该公司有一家固定的领带供应商，老板认为没有理由也不好改变固有的商业关系。

一天，这位领带销售员又来了，这次他首先递给老板一张便条，上面写着："你能否给我10分钟，就一个经营问题提一点建议？"

这张便条引起了老板的好奇心，销售员被请进门来，他拿出一种新式领带给老板看，说："这种领带用了一种特殊的香料，这种香料很昂贵的，而且制作工艺比原来的复杂10倍。它戴起来让人浑身有一种淡淡的香味，令人心情畅快，它深受年轻人喜欢。××老板，鉴于此，请你报一个公道的价格。"

老板仔细地端详这些产品，感觉它确实是一件不一样的产品，看得出来，他确实有点爱不释手。突然，推销员说："对不起，时间到了，我说到做到，不能耽误你的时间，我得走了。"说完，拎起皮包要走。老板急了，要求再看看那些领带。最后，按照销售员所报的价格订购了一大批货，这个价格略低于老板所报价格。

只有抓住客户的好奇心，才能大大提高客户进一步参与的欲望。那些客户不熟悉、不了解、不知道或与众不同的东西，往往会引起他们的注意。

但是引发好奇心不是故弄玄虚。销售员在抓住客户好奇心的同时要与对方的需要联系起来，触发对方心理上的敏感点。例如，告诉对方说："您亲自看一看就会知道，这一定是您送给女朋友最好的礼物。"因为，即使你一味地与客户谈一些新的东西吸引了客户，但客户的好奇心一过，就不会理会你了。

金牌销售经验谈

①在客户一没有需求，二没有对你的言谈产生好奇的情况下，又有什么理由要听你的销售陈述呢？只有抓住客户的好奇心，才能进一步地接近客户。

②利用人的好奇心不是一种操纵策略，更不是试图诱导客户购买他们不需要的产品或服务，所以销售员所做的只是设法促成一次会谈，看能否更进一步深入下去。

③制造神秘气氛，然后在解答疑问时，很技巧地把产品介绍给客户。

4. 如何唤起客户的好奇心

销售员可以利用客户的好奇心来达到销售目的，那么该通过什么技巧激发客户的好奇心呢？下面我们就介绍几种方法：

（1）提出刺激性问题

刺激性问题可以引起客户的好奇心。人们有一种思维的习惯，就是会对问题不自觉地产生关注。人们会好奇为什么你要这么问或这么做。比如“猜猜看”这就是个刺激性问题的一个例子，如果销售员问：“猜猜发生了什么？”人们会情不自禁地想：到底是什么？

如果你说：“我能问你一个问题吗？”其效果也是一样的，你所要询问的对象一般都会回答“好的”，同时他们还会自动设想你会问些什么，这就是人类思维的本性。

（2）显露价值的冰山一角

激发客户好奇心的另一个方式就是显露价值的冰山一角，这也是一个很有效果的策略。销售员在最初不要一下子把你的产品或服务价值向客户全部展示。

因为在客户面前不断涌现的价值就像是诱饵一样使他们想要获得更多的信息。如果客户开口询问，你就达到了主要的目的：如果客户能够主动邀请你进一步讨论他们的需求和你所能提供的解决方案，这比你不断地追在客户后面约见他们要好得多。

这种技巧实际上就是利用刺激性的问题提供部分信息让客户看到价值的冰山一角，以下是一些例子：

“如果我们的产品能帮助你提高 40% 的产量，你有兴趣看一次具体的演示吗？”

“稍微改进一下，你就可以极大提高投资回报率。你希望我详细说明一下吗？”

“有客户通过调整维护系统节省了大量开支，你知道有多大吗？”

谁不想知道如何省钱、提高产量或投资回报率？随便问上述哪个问题，客户都很自然地想要了解更多情况，你不就有了一个愿意给予你时间和注意力的好奇客户了吗？

（3）朦胧介绍说明法

为了让客户对产品产生兴趣，在你的产品说明中，可适当地加以保留，让客户自己去想象，去探索。这种朦胧的介绍说明法可以激发客户对产品的好奇心，让其觉得要弄清楚才行，这样，他就对产品发生了浓厚的兴趣，并有意要去探究它。

比如说你想出售一栋房子时，你必须介绍它的一些特性，是坐落在交通便利的城镇，或是不便的山村，是靠近街道还是深居山林之中，周围是否有足够的空余地方，房屋的建筑格式如何。当你把这些介绍给客户时，客户的脑海中就会出现一个大致的轮廓，对你的房子产生了兴趣。于是他就开始衡量着这栋房子与自己的需要之间的关系，并开始构思自己的未来与梦想，拟定出一个如何最有效地利用这栋房子的计划，把自己的家装扮得更富有情韵、更符合自己的要求。如果房子地理位置好，比如靠大街，有些人就会考虑它的额外资产价值。

如果你所设置的舞台能让客户充分自如地发挥他的想象，憧憬拥有这种产品后的美好情景或给他带来的种种便利，那么，你此时再对他进行详细的产品说明，他便会以愉快的心情接受你的说明。

（4）提供新奇的东西

对于新东西，人们都想一睹为快。更重要的是，人们不想被排除在外，所以销售员可以利用这一点吸引客户的好奇心。比如："先生，我们将要推出两款新产品帮助需要者从事电子商务。它们对您很有用，您愿意看看吗？"

（5）利用从众心理

在选择要购买的东西时，很多人都有从众的心理，这或许可以增加他们的安全感。这用在销售上也是一样的，如果你让客户了解到其他所有人都有着某种共同的趋势，客户必然会加入进来，而且通常想知道更多信息。如："××先生，我们为你的许多同行解决了非常重要的问题。"这句话足以让客户感到好奇，他们会主动参与进来。

好奇心是所有人类行为动机中最有力的一种，唤起好奇心的具体办法则可以灵活多样，尽量做到得心应手，运用自如，不留痕迹。

金牌销售经验谈

①利用好奇心销售时，你的语言、动作或其他任何引起客户好奇心的方式，都应该与销售活动有关。

②销售员不仅要学会利用客户的好奇心，也要真正做到出奇制胜，这样才能够吸引客户的聆听兴趣。所以这种方法的使用通常要求销售员能够灵活应对，并且有丰富的销售经验。

③销售是一种创造性的行为，这需要销售员在实践中多总结、多思考，找到一套适合自己的与客户接触和沟通的技巧。

5. 把精彩的东西留到最后

销售员在向客户推销产品的时候，要善于留下悬念。留下悬念并不困难。在拜访客户时，销售员可以只讲一半的“话”，客户正来劲时，可借故告辞：“啊！真是抱歉，有一件急事待办，告辞了。”虽然这是相当不礼貌的行为，但是故意卖个关子，给客户制造一个悬念，这样常会有意想不到的效果。

其实，你并不一定要真的有什么急事待办，这一招只是为了装“忙”，谈话时间太长的话，不仅耽误了对其他客户的访问，最糟的是怕引起被访者的反感。

面对销售员的突然离去，客户可能会以一脸的诧异表示他的意犹未尽。而对你来说既然已经搔到客户的痒处，为下次的访问铺好路了，此时不走，要待何时？

让我们来看看下面这个销售高手推销产品时是如何留下悬念的：

一个星期天，王先生在书店正在挑选一本营销书籍，这时一个三十岁左右的干练女子出现在王先生旁边，先是在翻阅一本书，然后她伸出胳膊在王先生面前的书架上取下一本书，王先生不经意地一抬头正好和她四目相对，她莞尔一笑："你也是做销售的吧？"

"是的。"王先生随意地应和着。

"我也是做销售的，你做什么产品的？"她又问了一句。

"欧派橱柜。"王先生边翻书边回答。

"听说过欧派，很有名气的，真羡慕你们，我是做 ×× 产品的，听说过吗？"她的话逐渐多起来。

"听说过但不是很了解。"王先生还是在应和着。

"×× 是全球最大的直销产品企业，每年在全国销售几百个亿。做销售很累呀，估计你们也是吧？"她开始转移了话题。

"可不是嘛，每天都要思考和处理很多问题。"王先生开始找到了共同语言。

"所以呀，天天在外面奔波一定要注意身体哦，你们要洽谈生意肯定吸烟吧？"她开始关心王先生了。

"吸烟是必不可少的，是沟通和解压的一种方式嘛。"王先生深有体会地说。

"吸烟的烟中含有苯和焦油，还有多种放射性物质能致癌，90%的肺癌患者多为吸烟引起的，还能引发口腔癌和喉癌等，所以你最好戒掉。"

这话说得王先生心理一颤，他呵呵地笑了下，感谢她的好意。

"我以前一个同事就是吸烟过度引起身体不适的。既然吸烟，肯定也很能喝酒吧？"她笑着又转了一个话题。

"你看呢？"王先生反问了一句。

"估计你至少能喝一斤白酒。"她笑了笑。

"没有那么多，一般而已。"王先生也笑了笑。

“经常喝酒能使脂肪堆积在肝脏引起脂肪肝，还可引起胃出血而危及生命。俗话说‘抽烟伤肺，喝酒伤肝’嘛，所以你一定要注意了！”

王先生听了，心理有一种恐惧感，但也暖暖的。

“对了，××纽崔莱有几种产品对肝和肺有一定的保养作用，尤其是针对长期吸烟喝酒的人，你可以先了解一下。”她边说边递给王先生一张关于纽崔莱的产品说明书，然后轻言细语地给王先生介绍。

“你不是想向我推销保健品吧？”王先生笑道。

“不是的，因为我发现你脸色不太好，所以才向你介绍的，这是我的名片。”她顺手塞给王先生一张名片。

“我脸色哪里不好？”王先生好奇地问道。

“这也是我根据长期的经验看出来的，呵呵。哎呀（她看了一下手机），真不好意思，我马上要给一个客户去送货，比较急。这样吧，名片上有我的联系电话和公司地址，明天晚上有一场相关的健康讲座，还有两位销售培训老师来上课，我们可以相互交流一下，毕竟都是朋友嘛，好不好？”她脸上流露出着急而真诚的表情。

“哦，好吧。”

“你看，我们的地址在××路××号，就在附近，这是我的电话，你直接打就可以了。把你的电话留给我吧，我派人在附近接你。”她掏出纸和笔递给王先生。

王先生随手留下了电话。

“我先走了，真的不好意思，明天见。”她消失在王先生眼前。

其实，销售员已经发现王先生产生了兴趣，并且也有了警觉，这时却没有继续下去，而是用了一个没有答案的悬念来挂起王先生的胃口：“不是的，因为我发现你脸色不太好，所以才向你介绍的……”“这也是我根据长期的经验看出来的……”

最后她找借口离开，并给王先生留下名片还拿走了王先生的电话号码。分析她这样做的原因有以下几种：

其一，虽然王先生已经有了兴趣，但这里毕竟不是产生销售结果的最佳场所，她就得先把王先生引导到她们的销售场所，并用 ×× 独特的文化影响王先生，然后顺利地进行销售。

其二，因为有以上的悬念，所以王先生的好奇心还是很大的，特想知道结果，因此第二次接触的机会是很大的，即使她电话回访也有很正常的理由。

其三，销售员间接地说她的生意很好，客户很多："……哎呀，真不好意思，我马上要给一个客户去送货，比较急……"这样，她获得了王先生更多的信任。

从王先生和销售员的这段谈话中可以分析出她是有着充分的准备的，整个销售流程也经过精心的设计，所以能运用得非常自如、灵活。机会是留给有准备的人的，要想在销售中取得更好的业绩就必须先武装好自己，然后以逸待劳创造辉煌佳绩！

很多时候，销售不是一次访问就能成交的。销售员与第一个普通客户第一次交往的时间是非常有限的，销售员也不太可能在有限的时间内把自己的产品和服务的有关情况明明白白、毫无遗漏地告诉客户。

这个时候，销售员不能急于推销之事。销售员需要做的就是，给对方留下一个悬念，把精彩的东西留到最后，有效调动他的好奇心，然后在一个恰当的时机，让他的好奇心得以满足，如此一来，你的业绩自然也提高了。

金牌销售经验谈

①如果你所拜访的客户已经拥有了所有自己需要的信息，或者他们从你的陈述中获得了所有必需的信息，就没有必要再进行下一步了。

②激发客户的好奇心在于要适可而止、有所保留，留下恰当的悬念。

6.给客户制造一些悬念

许多小说、广播剧、电视节目或电影都会制造悬念，比如说，在结尾的时候，男主人公却挂在峭壁上命悬一线，他的命运究竟如何呢，大家都想知道。这种吸引注意力的方式就叫制造悬念。

给客户制造一些悬念是一种巧妙的宣传和销售方法，也是一种打动客户的技巧和艺术。制造悬念主要是为了引起客户的好奇心，提高注意力，并让客户有探究问题答案的强烈愿望，当销售员再从客户的好奇心转向产品的性能，就达到了宣传和推销的目的。

汤姆负责推销一款250美元的节能烹调器具，一次，他登门向一名客户推销，客户立刻拒绝了他："我是不会购买这么贵的东西的。"

第二天，汤姆仍然来敲这位客户的门，客户打开门，一看是他，就立刻说："我是不会买你的东西的。"

汤姆并不答话，而是从身上掏出一张一美元的钞票，把它撕碎，然后对客户说："你心疼吗？"客户吃惊地看着他，汤姆没等客户回答就离开了。

第三天，汤姆又来到这家客户门前，客户开门后，汤姆又掏出一张一美元的钞票，当着面把它撕碎，然后问："你心疼吗？"

客户说："我不心疼，你撕的是你自己的钱。如果你愿意，你尽管撕吧。"

汤姆说："我撕的不是我的钱，而是你的钱。"

客户很奇怪："怎么会是我的钱呢？"

汤姆说："你已经结婚20年了吧，如果这20年，使用我的节能烹调器具做饭，你每天可节省1美元，一年是360美元。过去的20年里，你没有使用我的产品，你就白白浪费了7200美元，不就等于白白撕掉了7200美元吗？而今天你还没有用它，那么你等于又撕掉了1美元。”

客户被他说服了，立刻购买了汤姆的产品。

悬念可以唤起客户的兴趣和好奇心。如果销售员利用悬念来唤起客户的好奇心，从而引发客户的注意和兴趣，然后从中推销产品，就可以迅速转入下一个阶段。

一位人寿保险销售员在见到客户时，对客户说：“我有一个救生圈要卖给你，你准备出多少钱呢？”

“我不需要救生圈。”客户答道。

“如果您坐在一艘正在下沉的小船上，你愿意花多少钱呢？”由如此奇怪的问话开始，销售员开始向客户阐明这样一个思想：人们必须在实际需要出现之前投保。通过它的进一步解说，自然引起了客户对保险的重视，激发了他的购买欲望。

那么如何制造悬念呢？制造悬念没有固定的套路，没有现成的模式可以遵循，可以使用成语、典故、诗词歌赋等，甚至一个广告语、一个动作、一个字，都可以用来制造不同形式、不同内容的悬念。但是利用悬念不是说什么都可以的，不是只要能引起客户的注意就好，其实它还是要注意很多问题的，避免用错悬念，引起客户的反感。

（1）悬念要与销售的产品有关

这种有关可能是直接的，也可能是内在意义上的。如果销售员制造的悬念和产品无关，努力就会白费。

（2）采取的方法不能让客户感觉怪诞

销售员可以运用各种类型的悬念方法，但这种方法必须是有道理可循或有事实依据的，不能凭空捏造一些奇谈怪论来吸引客户。

（3）要让客户真正感到好奇

悬念的针对目标是客户，销售员的方法不能只是自己觉得好奇，而忽略了客户的心理感受。

制造悬念是销售员应该具备的能力和技巧，除了要具备广阔的知识外，还要揣摩客户的好奇心理，仔细进行编排，这其实是一门巧妙的艺术，需要花费力气，下一番苦功的。

金牌销售经验谈

①制造悬念是为了激发客户的好奇心，从而让客户关注你的解说，因此要适时解决疑问，不能悬而不解。

②制造的悬念要与推销的产品有关，不然客户会感觉受到了欺骗。

③对自己不熟悉、不了解、不知道或与众不同的东西，人们往往会格外注意，销售员在口才技巧中要学会利用这一点。

第四章 一句赞美，顶得上十句劝说

美国心理学家威廉·詹姆斯指出："渴望被人赏识是人最基本的天性。"既然渴望赞美是人的一种天性，我们在销售过程中就应好好掌握这一生活智慧。销售员在面对客户的时候，千万不能吝啬自己的赞美之词，要以真诚的心发现客户的优点，并用一种很自然的方式表达出来。

赞美不仅是一种沟通艺术，也是一种处世智慧。赞美之于人心，犹如阳光于万物，让人精力充沛，更有活力，让人增加自信；让被称赞者更能接受、肯定自己。销售员要想让业绩持续上升，就先学会赞美吧！

1.有一种语言最能打动客户，那就是赞美

天底下只有一个办法让客户按照你的建议去做事，你是否想到过这一点呢？这个办法就是真诚地赞美客户，满足客户的愿望，让客户乐意做你所建议的事。

请记住，除此之外没有别的办法。

当然，你可以用手枪对着别人的胸膛，强迫他把他的手表乖乖地交给你；你可以用解雇来威胁你的员工，强迫他听你的话，即使你并不在他的身边；你还可以用鞭子或恫吓的方法使一个孩子做你交给他的事。但这些粗暴的做法显然只会导致极其不良的反应。所以，如果你想让客户接受你的推销，唯一的方法就是赞美他们，满足他们的需要。

美国心理学家威廉詹姆士指出：“渴望被人赏识是人最基本的天性。”回忆我们自己的成长经历，谁没有热切地渴望过他人的赞美？每个人都会因为得到赞美，而感到自尊心和荣誉感的满足。而当我们听到别人对自己的赞赏，并感到愉悦和鼓舞时，不免会对说话者产生亲切感，从而使彼此之间的心理距离缩短。人与人之间的融洽关系就是从这里开始的。

美国推销大师博恩·崔西曾做过图书销售员，他推销图书的秘诀只有一条：非常善于赞美客户。

某次，崔西出去推销书籍，遇到了一位非常有气质的女士。当那位女士听到崔西是销售员时，脸一下子阴了下来：“我知道你们这些销售员很会奉承人，专挑好听的说，不过，我不会听你的鬼话的。你还是节省点时间吧。”

崔西微笑着说："是的，您说得很对，销售员是专挑那些好听的词来讲，说得别人昏头昏脑的，像您这样的客户我还是很少遇到，特别有自己的主见，从来不会受到别人的支配。"

这时，细心的崔西发现，女士的脸已由阴转晴了。她问了崔西很多问题，崔西都一一做了回答。最后，崔西开始高声赞美道："您的形象给了您高贵的气质，您的语言反映了您有敏锐的头脑，而您的冷静又衬出了您的个性。"

女士听后开心得笑出声来，很爽快地买了他一套书籍。

随着推销图书经验的日渐丰富，崔西总结了一条人性定律：没有人不爱被赞美，只有不会赞美别人的人。

一天，崔西到某家公司推销图书，办公室里的员工选了很多书，正要准备付钱，忽然进来一个人，大声道："这些跟垃圾似的书到处都有，要它干什么？"

崔西正准备向他露一个笑脸，他一句话冲了过来："你别给我推销，我肯定不会要，我保证不会要。"

"您说得很对，您怎么会要这些书呢？明眼人一下子都能看得出来，您是读了很多书的，很有文化素养，很有气质，要是您有弟弟或者妹妹，他们一定会以您为荣为傲，一定会很尊重您的。"崔西微笑着，不紧不慢地说。

"你怎么知道我有弟弟妹妹的？"那位先生有点兴趣了。

崔西回答："当我看到您，您给我的感觉就有一种大哥的风范，我想，谁要是有您这样的哥哥，谁就是上帝最眷顾的人！"

接下来，那人以大哥教导小弟的语气说话，崔西像对大哥那样尊敬地赞美着，两人聊了十多分钟。最后，那位先生以支持崔西这位兄弟工作为由，为他自己的亲弟弟选购了五套书。

崔西在当天的日记中写道："其实，我心里很明白，只要能够跟我的客户聊上三分钟，他不买我的图书，那是不可能的。因为，无论做人还是做事，要改变一个人，最有效的方式是：传递信心，转移情绪。"

人是感性左右理性的动物。若一个人的感性被真正调动了，那么，他想拒绝你，比接受你还要难。而要想迅速控制一个人的感性，最有效和快捷的方法就是恰如其分的赞美。

在现实生活中，没有人不喜欢听赞美话。因为每个人都不希望输给别人，都期盼成为胜利者，而不愿承认自己是一个失败者。

当销售员不知道与陌生客户说什么好的时候，礼节性地赞美一下，会让你和客户后面的沟通更加流畅；在销售的过程中，把客户身上的优点和你的产品结合起来进行赞美，能不断激发客户的购买欲望；在销售结束时，你对客户赞美有加，也许他就会成为你最忠实的客户了。

金牌销售经验谈

①贴切的赞美往往会迅速缩短销售员和客户之间的心理距离。

②只要你的赞美是恰当的，没有人不会对你产生好感。

2.把客户夸高兴了再谈业务

销售员刚开始与客户打交道时，有些客户冷冰冰的，不爱搭理你，甚至是对你产生反感以致拒绝你。但是，如果销售员能够运用恰当的口才技巧，去真诚地赞美和恭维客户，把客户夸高兴了再谈业务，销售成功的希望就大为增加。

卡耐基说：“人性的弱点之一就是喜欢别人赞美。”无论是谁，在内心深处无时无刻不在期待别人的褒奖和赞美。要想顺利地接近客户，销售员应从赞美客户开始，人们听到别人对自己的赞美都会非常开心，而人们在心情愉快的时候，往往容易接受他人的建议。

一位推销电器的年轻人，来到一所农舍前，户主是个上了年纪的老妇，一见是来推销东西的，就要关门。销售员一看事情不妙，便说："太太，我看您是误会了，我只想向您买一点鸡蛋。很抱歉打扰了您，我并不是来推销东西的，我想向您买一些鸡蛋，可以吗？您家的鸡长得真好，它们的羽毛长得真漂亮，这些鸡大概是多明尼克种吧？"

听到他这么说，老妇停止关门，并问道："你为什么不用你自己的鸡蛋？"

销售员知道自己的话已经打动了老妇，他接着说："我家也养了一些鸡，可是像您家养的这么好的鸡，我还没有见过呢？我家饲养的来亨鸡，只会生白蛋。太太，您应该知道，做蛋糕用黄色的鸡蛋比白色的鸡蛋要好一些。我太太今天要做蛋糕，所以我跑到您这儿来了……"

老妇人一听这话，显得很高兴，态度很温和地跟销售员聊起了鸡蛋的事。销售员这时又指着院子里的牛棚说："太太，我敢打赌，您丈夫养的牛赶不上您养鸡赚钱多。"

这句话让老妇感到很欣慰，多少年来，她丈夫总不承认这个事实。于是她将这个年轻的销售员视为知己，带他到鸡舍参观。

参观时，销售员不时地发出赞叹，他们还交流养鸡方面的常识和经验，他们越来越像认识已久的朋友，可以畅所欲言。当老妇谈到孵化小鸡的一些麻烦和保存鸡蛋的一些困难时，销售员不失时机地向老妇成功推销了一台孵化器和一只大冰柜。

为什么初始反感销售员的老太太会乐意和销售员交谈并购买他的产品呢？因为这位销售员让她感到快乐。他用买鸡蛋作托辞，以拉家常的方式，说一些赞美的话，打开了老妇人的心扉，然后很自然地扯到了电器设备方面的问题，博得了老太太的信任。

每一位销售员都应该向他学习，学习这种用赞美打开对方心门让对方高兴起来的方法：用心去发现、挖掘客户的可赞之处，并用一种很自然的语言表达出来。比如，初次去拜访客户，一番寒暄过后，你可以对接待室的装潢设计赞叹一番，还可以具体地谈及一下桌上、地上或是窗台上的花卉或盆景等，这些花卉和盆景造型如何新颖独特，颜色亮度等又是如何搭配得当，甚至还可以对它们的摆放位置用“恰到好处，错落有致”一类的词语来形容一番。这些看似不经意间随便说出来的话，会让客户感到很欣慰。千万不要随随便便拣一些所谓的“好听的话”来应付客户，这会让客户觉得你这个人很虚伪，不实在。

赞美的话也不在多，但必须精。有时就是一句得体的话，说到了客户的心坎上，就能起到事半功倍的效果。下面这个案例就是因为销售员的一句话切中了客户的“要害”，将原本没有希望的一笔生意做成了。

一天，一位穿着优雅的年轻女士在一家首饰店的柜台前看了很久。售货员问了一句：“小姐，您要什么？”

“随便看看。”女士的回答明显缺乏足够的热情。可她仍然在仔细观看柜台里的陈列品。此时售货员如果找不到和客户共同的话题，让客户开口，可能就会白白失去一笔生意。

细心的售货员发现了女士的裙装别具特色：“您这件裙子好漂亮呀！”

“啊！”女士的视线从陈列品上移开了。

“这种斜条纹的色调很少见，是在隔壁的百货大楼买的吗？”显然这是售货员在设计话题。

“当然不是！这是从外国买来的。”女士终于开口了，并对自己的回答颇为得意。

“是这样呀，我说在国内从来没有看到这样的裙装呢。说真的，您穿这套裙装，确实很漂亮。”

“您过奖了。”女士有些不好意思了。

“只是……对了，可能您已经想到了这一点，要是再配一条合适的项链，效果可能就更好了。”聪明的售货员终于转向了主题。

"是呀，我也这么想，只是项链这种昂贵商品，怕自己选得不合适。"

"没关系，来，我来为您参谋一下。"

最后，这位女士在这家首饰店购买了一条自己满意的项链。

每个人都有引以为傲的事，每个人也都有那么点虚荣心，希望别人夸奖自己。有经验的销售人员往往能发现客户的优点，在合适的时机赞美客户，消除客户的戒备心理，进而促成买卖成交。

当和客户寒暄过后，身旁的一切都可以成为赞美的话题。就个体客户来说，个人的长相、衣着、举止谈吐、风度气质、才华成就、家庭环境、亲戚朋友等，都可以给予赞美。比如，某位老客户来了，你可以留心其服饰、外貌、发型等与上次有无变化，有的话一定要即时献上你的赞美，效果会非常好。就团体客户来说，除了上述赞美目标外，企业名称、规模、产品质量、服务态度、经营业绩等，也可以作为赞美对象。

总之，处处留心皆学问，对推销而言，身旁的一切都可以成为赞美的话题。

金牌销售经验谈

①每个人都会觉得自己有可夸耀的地方，喜欢听好话是人们的共性。销售员如果能够抓住客户的这个心理好好地利用，就能成功地接近客户。

②作为销售员，如果你能够把客户夸高兴了再谈业务，你拿下订单的概率就会极高。

3.赞美要赞到点子上，挠到客户的“痒处”

如果你想打动客户，赞美是比较有效的一种方法。但是，如果不懂得赞美，就会如隔靴搔痒一样，毫无用处。只有你对客户的赞美真的挠到了客户的“痒处”，才能说动客户，达到预期效果。

一般来说，客户可赞的地方有多处，我们不能一下子把客户所有的优点都一一列举出来，那样既不现实，也不合时宜，我们应抓住对方最重视、最引以为豪的东西，来赞美对方，也就是说赞美的话要说到点子上，更容易获得客户的认同与好感。

一天，从农村来省城儿子家串门的王大爷正独自在客厅看电视时，有一大学生模样的女孩上门推销木瓜和芦荟洗面奶。女孩说她是某大型日用品公司的职员，她公司的各种系列化妆品在该市将进行全面的市场启动。上市后她所拿的同规格的洗面奶在商场和专卖店的售价为每瓶19.8元，现在是广告宣传和礼品派送阶段，每个只象征性地收取5元钱的广告费。憨厚朴实的王大爷见这等便宜事送上门来，便心中暗喜，他接过几瓶洗面奶仔细端详，掂量着该给儿子和儿媳买几瓶。

女孩看到王大爷有购买意向，便趁热打铁：“大爷，您多大年纪了？”

“六十八了。”

“哎哟，大爷长得可真面嫩，像五十多岁的人。”

“哪里，老得不成样子了。”

女孩又进一步夸张地说：“大爷，您的气质多么高贵呀！举手投足温文尔雅，一看就知道您是一位退休的高干，或者是满腹经纶的大学教授，不瞒您说，我最崇拜您这样有文化修养的人，如果我能有您这样的爷爷，该多幸福呀！”

听着听着，王大爷的笑容一下凝固在脸上了，然后语气很生硬地说：“姑娘，我这一辈子都在农村修理地球，斗大的字不识一筐，满脸都是高粱花子模样，也从未见过大干部和教授，你这样奉承简直是寒碜我！得，姑娘，你还是去别处转转吧，我家不使这个。”王大爷把洗面奶退回女孩手中，连推带搡地把女孩撵出门外。

过了几天，又有一女孩上门推销袜子，她也说她公司的产品将在该市启动市场，宣传阶段价格优惠，每双 4 元钱。因为上次推销女孩不得当的赞美语言，给王大爷造成的反感情绪还没消除，所以这回没等女孩说上几句他就不耐烦了。

面对王大爷的生硬态度女孩没气馁，她依然面带笑容地说：“您老先别急着撵我出门，我今天并非是向您推销袜子，我公司产品现在处于启动前的宣传阶段，卖袜子不是我的主要任务，我主要是向大伙儿介绍我公司产品的特点，做到家喻户晓，以便在今后去商场买袜子时能有针对性的选择。当然，在此时您能买几双，那是绝对优惠的。不买也无所谓，只是请允许我打扰您几分钟。”

女孩这么一说，王大爷再也不好意思了，只好听着女孩详细而流利地介绍产品情况。女孩注意到王大爷渐渐没有了敌意和排斥心理，便趁王大爷接过袜子观看时不失时机地说：“大爷，您老家不在本市吧？”

“我在宁城县的乡下，这是我儿子家。”

正巧，女孩对宁城县有些了解。“宁城县，我去过，那地方的小米可好吃了，我一同学在您们县工作，我去过两回，给我的感觉您家乡的人特实在，心肠特好。”

王大爷听了这番话，心里有说不出的高兴，便神采飞扬地向她述说老家的风土人情，女孩听得专注并不时地称赞几句。

王大爷唠叨完后，女孩又说：“大爷，瞧您多有福气呀，培养出一个有出息的儿子。”

王大爷这一生最引以为豪的就是有一个在城里工作的大学生儿子，听女孩一夸赞，他的脸上充满笑容，说话的兴趣更浓了，他以骄傲和幸福的语气告诉女孩：他儿子是村中第一位大学生……在该女孩恰当得体的赞美语言的作用下，王大爷由冷若冰霜变为对女孩好感倍增，本来不准备买袜子的王大爷最后毫不犹豫地买了10双，并极热情地把女孩送出门外。

想让客户购买你的产品，却完全不拣对方喜欢听的话说，这怎么能行呢？赞美应根据对方的身份、地位、所处环境做出判断，找到对方的兴奋点。比如上述推销袜子的女孩，就谈到了老人家的淳朴善良，谈到了他引以为豪的儿子，这都是对方打心眼里愿意听的话。

在销售过程中，当你和客户说话时，若要获得对方的认同，就一定要善于抓住每件事情的重点来谈自己的感受，从而让对方能够感受到，你可以直接认可他最核心的东西。这样，你才是挠到了对方最“痒痒”的地方，让他感到非常惬意和舒服。

那么怎样才能发现别人的“痒处”呢？日本顶尖销售大师齐藤助之助认为：“想轻易地发现每个人身上的‘痒处’，是很简单的事情，只要你观察他们最爱谈的话题便可以知道。因为言为心声，心中最希望的，也就是他们嘴里谈得最多的。你就在这些地方去挠他，一定能挠到他的‘痒处’。”

此外，一个人的细节修饰往往意味着用心良苦之所在。其实，他之所以在细节上花费时间、心血和投入精力，既表明个人对此的重视和偏爱，也表明对方渴望为此付出的努力能获得应有的肯定。同时，细节的处理与讲究也是他参与交际的积极性表示。

想象力丰富和具有创造精神的销售员常常能找出对方的“痒处”，并巧妙地赞美。关键是我们要用心，只要用心就一定能发现客户值得赞美的地方，而这些方面，往往还是客户最在意和最想听到别人夸赞的地方。

金牌销售经验谈

①赞美不能不顾客观事实，生搬硬套，乱拍一气，反招客户反感。

②赞美的对象一定要是客户所喜爱的人或物，是他引以为豪的，赞美不赞到点子上激不起客户的心动。

4. 抓住机会去赞美，产品就畅销

在销售过程中，有时会遇到这样的情况，在与客户沟通时，因为销售员不时说出一些赞美客户的话语使得客户心情始终保持愉快，并对所谈的话题感兴趣，愿意继续交谈下去，这样做的结果是客户逐渐放松警惕及敌意，谈话的气氛一直是以轻松的状态进行下去的。

暑假刚刚开始，一位父亲带着儿子来到商场买手机。一位销售员主动迎上前去："先生这是带儿子买手机吗？"

"是啊。"

"您儿子长得一表人才，是不是考了很好的成绩，买个手机做奖励啊？"

"是啊，我的孩子这次期末考试是年级第一呢……"父亲来了兴趣，一边与销售员攀谈一边和儿子挑选手机。

在销售的过程中，销售员发现这位父亲十分专业，便说道："您对我们手机的了解比我还深刻，相当专业，您是不是开发手机的？"

"不是，我是搞计算机软件开发的。"这位父亲答道。

"那您可真是个行家，专业的水平比业内人士都高，真是佩服。从您选的这个型号就能看出您的专业和品位。”

“哪里，哪里。”这位父亲有些不好意思地说，“我看这个手机没什么问题，就买这部了。”

这位销售员在整个销售过程中采取了不断赞美的策略。首先，赞美了客户的儿子。孩子是父母的另一张脸，赞美了客户的孩子，客户会觉得脸上有光，一下子就拉近了双方的距离。其次，在销售过程中又赞美顾客的专业性和高品位，既让客户在儿子面前很有面子，又间接告诉客户所销售的手机是经受得起“专业型客户”检验和信赖的产品，几句赞美就让整个销售过程水到渠成。

托尔斯泰说得好：“就是在最好的、最友善的、最单纯的人际关系中，赞美也是必要的，正如润滑油对轮子是必要的，可以使轮子转得快。”赞美说得好，产品才会畅销。

如何赞美别人？赞美是一件好事，但绝不是一件易事。赞美既不能吝啬，也不能滥施，什么都赞美表示你的品味太低。要想恰到好处地赞美别人，你必须具备灵活的头脑和敏锐的观察力，千万不要错过任何可以赞美别人的机会。因为有些东西是过期不候的，“过了这个村，没这个店”，不要过了这个时机，再去赞美对方，那样反而会适得其反。

（1）雪中送炭

俗话说：“患难见真情。”最需要赞美的不是那些早已功成名就的人，而是那些因被埋没而产生自卑感或身处逆境的人。他们平时很难听一声赞美的话语，一旦被人当众真诚地赞美，便有可能振作精神，大展宏图。因此，最有实效的赞美不是“锦上添花”，而是“雪中送炭”。

此外，赞美并不一定总用一些固定的词语，见人便说“好……”有时，投以赞许的目光、做一个夸奖的手势、送一个友好的微笑也能收到意想不到的效果。

（2）合乎时宜

赞美的效果在于相机行事、适可而止，真正做到“美酒饮到微醉后，好花看到半开时”。

当别人计划做一件有意义的事时，开头的赞扬能激励他下决心做出成绩，中间的赞扬有益于对方再接再厉，结尾的赞扬则可以肯定成绩，指出进一步努力的方向，从而达到“赞扬一个，激励一批”的效果。

（3）见什么人说什么话

人的素质有高低之分，年龄有长幼之别，因人而异，突出个性，有特点的赞美比一般化的赞美能收到更好的效果。老年人总希望别人不忘记他“想当年”的业绩与雄风，同其交谈时，可多称赞他引为自豪的过去；对年轻人不妨语气稍为夸张地赞扬他的创造才能和开拓精神，并举出几点实例证明他的确能够前程似锦；对于经商的人，可称赞他头脑灵活，生财有道；对于有地位的公职人员，可称赞他为国为民，廉洁清正；对于知识分子，可称赞他知识渊博、宁静淡泊……当然这一切要依据事实，切不可虚夸。

（4）具体详细

在日常生活中，人们有非常显著成绩的时候并不多见。因此，交往中应从具体的事件入手，善于发现别人哪怕是最微小的长处，并不失时机地予以赞美。赞美用语愈翔实具体，说明你对对方愈了解，对他的长处和成绩愈看重。让对方感到你的真挚、亲切和可信，你们之间的人际距离就会越来越近。如果你只是含糊其辞地赞美对方，说一些“你工作得非常出色”或者“你是一位卓越的领导”等空泛飘浮的话语，不但不能引起对方的兴致，甚至产生不必要的误解和信任危机。

金牌销售经验谈

①真诚的赞美不但会使被赞美者产生心理上的愉悦，还可以使你经常发现别人的优点，从而使自己对人生持有乐观、欣赏的态度。

②在销售过程中，适当地赞美客户，满足客户的自尊心和虚荣心，能使之产生一种优越感，从而分散其注意力，解除客户的戒备心理，以达到销售的最佳效果。

③只要你觉得你的推销对象有值得赞美的地方，就应立即赞美，不要因胆怯而错过时机，尤其是在形势对你不利的时候，更不要忘掉赞美这个神器。

5.恭维过头讨人厌，适度赞美助推销

在与客户沟通的过程中，虽说赞美会很快取悦客户，并能在客户心中留下美好的印象，但客户并不是无条件地喜欢一切赞美自己的言论。赞美是要讲究技巧和方法的，不是美言相送，随便夸上两句就会奏效的，如果赞美的方法不当还会起到相反的作用。

赞美是一种艺术，我们要掌握一点分寸，那就是要必须恰当地、适度地赞美，千万不能恭维过度。就拿“您真了不起”这句常用的赞美语来说，假如有个客户事业做得很大，如果我们这样说：“王先生，您真了不起！这么年轻就当上了总经理。”就很恰当；而如果一个人50岁了还在做科员，我们也说：“王先生，您真了不起！年纪这么大了还能做科员！”就让人反感，一定会遭客户的白眼，把你赶出门。

适度的赞美会令对方感到欣慰、振奋；过度的恭维、空洞的奉承，或者次数过多，都会令对方感到不舒服，甚至觉得难堪、肉麻，结果令人讨厌，适得其反。

推销高手原一平刚开始运用赞美法时，也犯过这样的错误。

原一平到一位年轻的小公司老板那里去推销保险。进了办公室后，他便赞美年轻老板：“您如此年轻，就做上了老板，真了不起呀，在我们日本是不太多见的。能请教一下，您是多少岁开始工作的？”

“17岁。”

“17岁！天哪，太了不起了，这个年龄时，很多人还在父母面前撒娇呢。那您什么时候开始当老板呢？”

“两年前。”

“哇，才做了两年的老板就已经有如此气度，一般人还真培养不出来。对了，你怎么这么早就出来工作了呢？”

“因为家里只有我和妹妹，家里穷，为了能让妹妹上学，我就出来干活了。”

“你妹妹也很了不起呀，你们都很了不起呀。”

就这样一问一赞，最后赞到了那位年轻老板的七大姑八大姨，越赞越远了。最后，这位年轻的老板本来已经打算买原一平的保险了，结果也不买了。

后来，原一平才知道，原来那天自己的赞美没完没了，本来刚开始时，那位年轻的老板听到几句赞美后，心里很舒服，可是原一平说得太多了，搞得他由原来的高兴变得不胜其烦了。

所以，在赞美客户时，要注意恰如其分，切忌虚情假意、无端夸大。那么如何把握赞美而不夸耀过头呢？

（1）赞美要发自内心、实事求是，不可言过其实、无限拔高

表面上看，赞美别人好像是很简单，事实上做到恰到好处，并不像想象中那么容易。好话说多了，会认为那不过是场面话，甚至令人厌恶、招致反感。

但到底应该怎么说，才能起到最好的效果，这就要好好想想了，既要说得得体让对方听了舒服，又不能让人觉得太虚伪而影响对你的看法。这就要把握一个原则——发自内心、实事求是。

（2）赞美要具体，不能太抽象笼统，一味泛泛而谈

我们会经常看到有人在赞美别人时表现出来的那种漫不经心：“你这篇文章写得蛮好的。”“你这件衣服很好看。”“你的歌唱得不错。”这种缺乏热诚的空洞的赞美并不能使对方感到高兴，有时甚至会由于你的敷衍而引起对方的反感和不满。

但如果把以上这些话改成："这篇文章写得很好，特别是后面一个问题有新意。""你这件衣服很好看，这种款式很适合你的年龄。""你的歌唱得不错，不熟悉你的人没准还以为你是专业演员呢。"这些话比空洞的赞扬显然更有吸引力。

（3）间接的赞美比直接的赞美来得更有力

比如，换个方法说："你真是漂亮，难怪某某一直说你看上去是那么年轻！"或者："听小张说您很有亲和力，领导能力很强，今日一见果然是这样，我一见您就觉得特别亲切。"

（4）赞美贵在自然，千万不要做作

比如，有的销售员上客户家去推销时，只要见主人是女的，便张口就说："您长得真漂亮！""您打扮得真漂亮！"或"您显得真年轻！"像这种一点铺垫都没有的夸奖，太不自然了，碰到脾气好的至多不过说你"神经病"，然后把门关上，要是碰上脾气不好的，她不骂"流氓"才怪呢。

所以，为了避免你的赞语引起误解，不要突然没头没脑地就大放颂辞。你对对方的赞赏应与你们眼下所谈的话题有所联系。

对方提及的一个话题，他讲述的一个经历，也可能是他列举的某个数字，或者他向你解释的一种结果，都可以用来作引子。比如："您说的某某事件真的让我大开眼界，您的见识真是广博。"

（5）赞美还要注意措辞恰当

一男青年晚上在饭店碰到一位认识的女士，她正和一位女伴在用餐，两人刚听完歌剧，穿戴漂亮。这位男青年不觉眼前一亮，很想恭维一下对方："噢，××，今晚你看上去真漂亮，很像个女人。"对方难免生气："我平常看上去什么样呢？像个清洁工吗？"

在一次管理层会议上，一位报告人登台了。会议主持人向略显吃惊的观众介绍："这位就是刘女士，这几年来她的销售培训工作做得非常出色，也算有点儿名气了。"这末尾的一句话显然画蛇添足地让人不太舒心，什么叫“也算有点儿名气了”呢？

这些赞美的话会由于用词不当，让对方听来不像赞美，倒更像是贬低或侮辱。结果自然是不欢而散，事与愿违。所以在表扬或赞美他人时也请谨慎小心。

赞美客户时，要注意措辞，尤其要注意以下几条基本原则：

①列举对方身上的优点或成绩时，不要举出让听者觉得无足轻重的内容，比如向客户介绍自己的销售员时不要说他“很和气”和“纪律观念强”之类与销售工作没什么关系的事。

②你的赞扬不可暗含对对方缺点的影射。比如一句口无遮拦的话：“太好了，在一次次半途而废、错误和失败之后，您终于大获成功了！”

③不能以你曾经不相信对方能取得今日的成绩为由来赞美他。比如“我从来没想到你能做成这件事”，或是“能取得这样的成绩，你自己恐怕都没想到吧”。

另外，你的赞词不能是对待小孩或晚辈的口吻，比如：“小伙子，你做得很棒啊，这可是个了不起的成绩，就这样好好干！”

赞美是一件好事，但并不是一件简单的事。赞美就像空气清新剂，可以振奋对方的精神，“美化”你身边的气氛，但也必须清楚，再好的清新剂也有过敏甚至反感者，更何况人与人之间的关系如此复杂。

销售员如果不首先通达人情，不根据所赞对象的心情及当时情境的具体情况而是乱赞一通的话，恐怕真的会马屁拍到马掌上，使好事变坏事。销售员在赞美客户时，一定要审时度势，掌握一定的技巧。

金牌销售经验谈

①赞美要恰到好处，不能过分夸张，过分夸张就成了奉承，容易让客户产生不真实感，使客户对你的人格有所怀疑，赞美就会变得适得其反。

②在赞美客户时，要有意识地说出一些具体而明确的事情，而不是空洞、含糊地去赞美。

③要把握好赞美用词的尺度，如果赞美用词不当，或者太夸张，会给客户留下不良的印象，甚至会让客户感到厌恶。

6. 赞美之词也需要亮点

有些销售员对所有的女性客户（多半是年轻的）一律称呼“美女”，也不管这女子是否真的美，这话对那些长得比较标致的来说，听了倒也受用，对那些长得不怎么样的人来说，听到这种称呼，心里就不是滋味了。所以，有些女性听到这样的赞美，头也不回就走了。类似这样的错误还常见于一些销售员在拜访客户时，见到小孩子就对家长说，这孩子长得真漂亮，这孩子真聪明，将来一定有出息等之类的套话，这种赞美，给人的感觉就是做作，比较假。

所以，在赞美客户时，一定要找到亮点，所谓亮点就是说你的赞美能让客户动心，产生眼前一亮的感觉。我们赞美他人，就是为了让对方获得“自己很美好”的感觉。不然，宁可不赞。

尤小姐是某服装公司的广告部负责人。有一次，经过几次的电话预约，一家大型企业的张总终于答应同她见面。这位老总是一位商业奇才，尤小姐很珍惜这次机会，因为她的目的是让这位商业奇才成为她公司服装品牌代言人。在一般情况下，商界人士是不屑为其他人做广告的。为了在短暂有限的时间内能够说服这位老总，尤小姐制定了详细的计划。她的计划是：想办法先赢得他的好感，然后努力延长对话的时间，这样才有可能成功。

见到了久负盛名的张先生后，尤小姐打过招呼，然后微笑着说：“我仔细阅读了张总的成功经历，您可真是位商业奇才啊！”

张先生显得波澜不惊，说："啊，真是奇怪，现在每个人见到我都这样说。其实，我并不那样认为，这也是我给每个人的回答。"

"不，不。您太谦虚了，中国像您这样的人物真的是太少了……"尤小姐唯恐张先生不高兴，赶紧又说。

"尤小姐，如果你是来跟我说这些话的话，那么你可以走了。因为这些话对我没有任何意义，如果我想听这些话，随便拉个人可能都比你说得好。如果你没有其他的事情，请不要浪费大家宝贵的时间。请原谅我的直白，因为时间对我来说实在是太宝贵了。很抱歉。"

尤小姐听了，动了动嘴唇，却什么话都说不出来。

遇到这样的情况，是尤小姐始料不及的。她没有想到自己的好心赞美却得来这样的结果，真正的来意还没有说出，就被下了逐客令。问题出在哪儿呢？问题就在于尤小姐的赞美太过于平庸，甚至让人觉得听这样的赞美就等于在浪费时间。

陈词滥调或者不着边际的赞叹只会惹人生厌，赞美的直接目的是让对方高兴，如果你不想做一个毫无特色的销售人员的话，赞美的话就得有亮点，有亮点才能吸引客户。

销售员赞美客户的内容多种多样：外表、衣着、谈吐、气质、工作、地位以及智力、能力、性格、品格等。就女性而言，众所周知，女人最喜欢听的恭维话是，说她长得好，说话温柔，身材苗条，肤如凝脂，服饰漂亮等。但是，如果她长得漂亮，你说她漂亮，她会不当一回事，这种赞美的话，她听得多了去了，如果你说她很有气质、很有品位，那就不一样了；如果她长得并不怎么漂亮，而你刻意说她漂亮，这样的恭维往往会让她认为你是在讽刺她。遇到这种情况，就要从"发现美"的角度去挖掘她值得骄傲的地方。身材一般的，你就说她某一个部分特别好，比如发型，厨艺，她的衣服鞋子，人品什么的，总之，每个人身上都有可挖掘的亮点。

高明的销售员会针对对方的能力大发感慨。如到客户家里拜访，说："这房间布置得真别致，富有特色。"这是在赞美客户的审美观。同样，对汽车也可以从独特的车内装潢进行赞美，这样比仅仅说“保养得好”强很多。同样，对一个女孩子说“这件衣服穿在你身上可真是绿叶扶红花”乃是欣赏对方的眼光。紧紧抓住对方的知识、能力、品位进行赞美，做到这一步，算是达到一定的水平了。

一个人的外表有美丑之分，能力有高低之别，这些都是难以求全的。但是一个人的心灵与其外貌、能力没有什么必然关系。明白这一点的销售员，会把赞美的目标转到对方的心灵上。

“您的眼睛又清澈又明亮，透过这两扇心灵之窗，我看到了一颗纯洁的心！”

“您开车这么稳，又谨慎，又快捷，很不错啊！”

“您喜欢储蓄？那好啊，谨慎、稳当。”

“您太热心了。”

“真没想到您这么细心！”

当你看到这段文字时，请你想象一下，如果有人对你说这样的话，你会有什么感觉？如沐春风吧！

要赞美别人，就必须找到可赞美的亮点，这就要用眼睛去发现、去挖掘，这是销售员能够在最短时间里获得客户好感的、最该使用的一种赞美技巧。对那些细微之处的赞美也不要忽视，有时那正是客户身上的亮点。总的来说，销售员可以在以下四个方面寻找客户的亮点。

（1）工作方面

从别人的工作上找到亮点，这是我们最常用的赞美法。如：“潘先生，您真不简单！年纪这么轻，就把事业做得这么大，真让人羡慕。”

（2）家庭方面

每个人的家庭都有值得称赞的地方：烧菜的手艺、爱人的贤惠、家居布置等，推销中的任务就是找到它并赞叹出来。如：“潘先生，您的孩子作文写得真好，将来一定能当作家。”

（3）运动和技术方面

要针对客户的擅长点进行赞美。如：“潘先生，您保龄球打得太好了，改天我要向您请教一番。”

（4）健康、面相方面

如果销售员是初次登门拜访，对客户的工作、家庭和专长都不太熟悉，就可以从对方的健康、面相找到赞美点。如：“潘先生，您真了不起！事业这么忙，气色还这么好。”

赞美有许多种，赞美客户的关键点也有很多，上面四个是最直接、最常用的赞美点。销售员还可以因时因地即兴发挥：客户做了一个新发型，换了新装，孩子的功课有了进步，家中的摆设很别致等都给我们提供了欣赏和赞美的机会。

金牌销售经验谈

①我们要善于找出客户的闪光点即亮点来加以赞美，这样效果最好。

②赞美要有创意，赞美别人赞不到的地方。

③除了“您很能干！”之类的一般赞赏外，恭维客户的“精明”，向客户“请教”等等都是销售员常用的赞美绝招。

7.赞美竞争对手更易赢得信任

赞美竞争对手是获取客户信任的捷径，永远不要靠贬低你的竞争对手来提高自己的声誉。千万不要攻击同行或其商品，这会让客户觉得你缺乏商业道德，而且这又是关系到个人道德的问题。竞争对手的存在一定会有他的优势，你的妄加评价可能引起客户的反感，竞争对手是用来尊敬的，不要去诋毁他。你可以把他的产品和服务与你的类比，让客户自己去体会你的优势。

对于竞争对手，相信大部分人都是没什么好感的。尤其是在销售这个行业，假如A公司与B公司是竞争对手，这两个公司的销售员恐怕都相互抱着敌对的态度。当客户向A公司的销售员问起B公司的情况时，A公司的销售员大概会说："我们公司是同行业中最好的，产品也是最好的，B公司是根本比不了的。B公司的产品质量很差，价格又高，您若是买了他们的东西，一定会吃亏的。"这样说，客户会相信吗？不会。客户会认为：换成B公司的销售员，也会这么说A公司的。在人们的观念中，竞争对手之间一定会恶语攻击的，而这样的"恶语"是不可信的，说这番话的销售员自然也就不可信了。客户还会对销售员在贬低对手的时候是不是也过分美言了他所销售的产品产生怀疑。

所以说，贬低对手，对自己没有任何好处。在你质疑对手的品质时，你的品质常常也随之被怀疑了。优秀的销售员是不会毫无根据地说对手的坏话的，他们反而会赞美对手，以此赢得客户的信任。

有一天，贝特格去拜访新泽西州的某肥料制造公司的前财务经理钟尼斯先生。

"钟尼斯先生，请问您投保哪家保险公司？"

"纽约人寿保险公司、大都会保险公司及天佑保险公司。"

"您的眼光真好！"

钟尼斯似乎有点得意，他又问："真的吗？"

"它们确实是保险业界一流的保险公司。"

接着，贝特格又谈了一些这几家大保险公司的优点，这些优点足以证明它们确实是世界一流的保险公司。

钟尼斯是否烦了呢？没有。这样称赞对手对他有利吗？结果如何呢？

"钟尼斯先生，光费城一地就有3家一流的保险公司，分别为天佑、信宝、互惠公司。"

贝特格对对手的称赞给钟尼斯先生留下了深刻的印象。因而，当贝特格介绍他的隶属公司时，将他的公司与钟尼斯早已熟悉的公司并列时，钟尼斯很快接受了他的介绍与说明。

最后，钟尼斯先生不仅自己投了保，数个月之后，他又带来他公司其他4位主管。

客户对销售员的信赖源于销售过程中的点点滴滴，是存在于一言一行每一个细节中的。称赞对手，让客户感觉销售员不是“王婆卖瓜，自卖自夸”。其实，明眼人都知道夸他们，也是夸自己，因为“我”是“他们”中的一员，然而这让客户感觉你很客观，值得人信赖。

许多金牌销售员一直都在用这种夸赞竞争对手的有效方式来做销售。在人生旅途和生意场上，我们每时每刻都要得到他人的信任。赢得他人信任的最快捷方法，就是要像本杰明·富兰克林所说的那样：“我永远都不会诋毁任何人，我只尽量说我所了解的他人的美德。”

当然，如果你的竞争对手确实不如你所效力的公司，你也无须硬去夸赞，但仍不能随意贬低。客户对于这样的话是不会相信的。所以，要么赞美对手，要么不予置评，就是不能加以贬低，这是我们在销售实践中必须牢记的。

金牌销售经验谈

销售员恰到好处地赞美对手会让对手放开戒备心理，同时会给客户留下心胸宽广，可以信赖的印象。

第五章
一句提问，问出生意来

在口才技巧中，提问是一门非常有趣的学问。人们就是在一问一答的过程中，进行相互了解与沟通的。会沟通的人同时也是会问问题的人，良好的提问能够让你充分了解对方的想法，得到你想知道的信息。

推销也是从巧妙提问开始的。如果销售员问得好、问得妙，往往就能把客户拉过来，把生意做成功；反之，就有可能把好好的生意给做砸了。

1.掌握提问技巧的好处

很多时候，那些经验丰富的销售员都会感觉到自己的工作从某种程度上是与医生有着异曲同工之妙的。中医讲究的望、闻、问、切四种疗法在推销界同样适用——销售员必须掌握察言观色的技巧，同时还必须学会根据具体的环境特点和客户的不同特点进行有效的提问。

一位大型机械设备厂的销售员曾经三次打破公司的销售纪录，其中有两次他的个人销售量占全厂销售量的50%以上。他是怎么做到这些的？

他说自己成功销售的秘诀就是经常进行有针对性的提问，然后让客户在回答问题的过程中对产品产生认同。他经常在与客户谈话之初就进行提问，直到销售成功。下面我们看看他的几种典型提问方式：

“您好！听说贵公司打算购进一批机械设备，能否请您说明您心目中理想的产品应该具备哪些特征？”（弄清客户需求）

“我很想知道贵公司在选择合作厂商时主要考虑哪些因素？”（弄清客户需求）

“我们公司非常希望与您这样的客户保持长期合作，不知道您对我们公司以及公司的产品印象如何？”（这一问题的目的是为自己介绍公司及产品做好铺垫，同时也可以引起客户对本公司的兴趣）

“您是否可以谈一谈贵公司以前购买的机械设备有哪些不足之处？”

“您认为造成这些问题的原因是什么呢？”

“如果我们的产品能够达到您要求的所有标准，并且有助于贵公司的生产效率大大提高，您是否有兴趣了解这些产品的具体情况呢？”（站在客户需求的立场上提出问题，有助于对整个谈判局面的控制）

“您可能对产品的运输存有疑虑，这个问题您完全不用担心，只要签好订单，一个星期之内我们一定会送货上门。现在我想知道，您打算什么时候签署订单？”（有目的地促进交易完成）

“如果您对这次合作满意的话，一定会在下次有需要时首先考虑我们，对吗？”（为以后的长期合作奠定基础，保持良好的客户关系）

我们可以总结出，在生意场上，巧妙地向客户提问对于销售员来说有着诸多好处：

（1）有利于把握客户需求

通过恰当的提问，销售员可以从客户那里了解更充分的信息，从而对客户的实际需求进行更准确的把握。

（2）有利于保持良好的客户关系

当销售员针对客户需求提出问题时，客户会感到自己是对方注意的中心，他会在感到受关注、被尊重的同时更积极地参与到谈话中来。

（3）有利于掌控谈判进程

主动发出提问可以使销售员更好地控制谈判的细节以及今后与客户进行沟通的总体方向。那些经验丰富的销售员总是能够利用有针对性的提问来逐步实现自己的推销目的，并且还可以通过巧妙的提问来获得继续与客户保持友好关系的机会。

（4）有利于减少与客户之间的误会

在与客户沟通的过程中，很多销售员都经常遇到误解客户意图的问题，不管造成这种问题的原因是什么，最终都会对整个沟通进程造成非常不利的影响，而有效的提问则可以尽可能地减少这种问题的发生。

所以，当销售员对客户要表达的意思或者某种行为意图不甚理解时，最好不要自作聪明地进行猜测和假设，而应该根据实际情况进行提问，弄清客户的真正意图，然后根据具体情况采取合适的方式进行处理。

金牌销售经验谈

①在和客户沟通的过程中，你问的问题越多，获得的有效信息就越充

分，最终销售成功的可能性就越大。

②销售员一句巧妙的提问胜过长篇大论的推介。

2. 积极提问，赢得订单

在销售过程中，销售员一定要学会积极地提问题，要知道，摸清底细比进攻更有效。利用问题循循善诱，销售员可以让客户自己说服自己，如果只在销售中一味地向客户推销，滔滔不绝地说个没完，就会抑制客户的购买欲望，即使再好的产品也是无人问津。

其次还要善于提问，问题要提到点子上，不能对所有人一概而论，也不能忽视客户当时的情绪，劈头就问，那样只能引来对方的反感，使其根本不愿意和你交谈下去。

很多公司或商场训练出来的销售员只会机械式地问："你好，需要点什么？"如果客户说："不需要！"或"随便看看！"通常销售员就没有话说了。这就是销售员缺乏随机应变的能力和正确的积极提问技巧的表现。

积极提问意味着掌握谈话的主动权，控制话题内容与会谈进展。身为销售人员，你对客户提出什么样的问题，他们的注意力就会集中在什么样的问题上，从而影响到他们的思考和感受。

如果在销售的过程中，你能恰当地设计一些问题来引导客户，客户就会在不知不觉中跟着你走，从而进入你的思考模式。

有一对夫妇走进一家家用电器商场，打算看看电冰箱，销售小姐以亲切的态度做了适当说明后，发现这对夫妇似乎有购买意向，于是她便抓住时机发动热情攻势。"先生家里有几口人？"先生回答说有 5 口人。小姐又转过身来问太太："太太是隔日买菜呢，还是每天都上市场？"

太太笑而未答，这位销售小姐并未放弃，继续热情地为这位太太做了个"选择答案"："听说有人一星期买一次，有人 3 天买一次，他们认为 3 天买一次菜色不会有变化。太太您喜欢哪一种买法呢？"

太太终于回答说："我想 3 天买一次的方法较好些。"

"家里常来客人吗？"

"有时候。"

"在冰箱里储存些食品，既可以保鲜，又可以应付突来的客人啊。"

这时先生蹲下来查看冰箱的下方放啤酒的地方，估算着可以放多少瓶啤酒。销售小姐马上说："先生，听说爱喝啤酒的人是这样的，一次买上一打，早上摆进一两瓶。这样的天气，每次晚上下班回家享受一瓶冰镇啤酒，嘿，男人们的福气可真不小！"

小姐又问太太："太太，您看这个可以容纳 3 天的鱼肉蔬菜吗？"

"可以，可以，刚刚好。"

"你看这个小点的够不够？"

"不行吧。"

"太太，您打算把冰箱放在什么地方？是客厅里还是厨房里？"

"厨房太小了，好像放不下。"

"不一定要放厨房里，实际上放在客厅里也挺好。"销售小姐又继续为这对夫妇勾勒了一幅动人美景："夏天的啤酒、西瓜、汽水、软包装饮料冷冰冰的，解暑可口；就是冬天的冰淇淋，也别有一番风味，更不要说随时可取出又青又嫩的蔬菜和新鲜的鱼肉了。尤其是，用上电冰箱可以节约很多买菜的时间，也可以省下不少东西坏了浪费的钱，还可以从容不迫地招待那些突然登门的客人，真是一举数得啊！"

紧接着，销售小姐又问："先生住在哪儿？离这儿远吗？"

"不太远，就在附近。"

其实销售小姐此处的问话并非真想了解这对夫妇离商场的距离，而是把推销引向了一个新的目标阶段——我们要把货送到您家里去啦！销售小姐接着问道："那么今天马上送到府上好呢，还是明天星期天一早给您送去好？如果今天送去，明天马上就可以放进很多新鲜蔬菜和鱼肉啦！"

太太说："还是明天好，我得先回去腾一个地方。"

这时虽然购买意向已定，但还没有收到钱，仍然不能懈怠。销售小姐又忙拿出一沓奖券撕下一百多张递给太太说："太太，请记住，下月5号当众开奖。这么多奖券，您一定会中奖的。"然后销售小姐记下了这对夫妇的地址，同时收了先生递上来的货款。

善于提问的销售小姐为这对夫妇提供了良好的服务和一个愉快舒心的购物过程。其实每位客户都希望有这样的愉快购物体验。

积极的提问具有很强的感染力，会使你的客户乐于在你这里购买。当你积极地向客户询问其目标及选择标准时，客户就会认为，你是把他的利益放在第一位的。当客户发现你问得很细，非常希望准确了解自己的想法时，自然更乐于与你交流了。

不仅是在挖掘客户需求时需要问，在促成客户成交时也要问。积极提问能够赢得订单，但在提问中需要记住，必须问对问题。问不对问题，即使你可以拿出一千个让客户继续谈下去的问题，你也不可能拿到订单。所以销售员在提问题的过程中，要细心聆听，善于捕捉信息，知道客户最感兴趣的话题是什么，这样才能引发客户的购买欲望，最终促成交易。

金牌销售经验谈

①顶尖的销售人员，都是提问题的高手。销售员必须拥有提出好问题的习惯和能力，这样才能引导客户做出正确的购买决定。

②问客户感兴趣的话题，让客户喜欢回答你；问客户不能抗拒的问题，让客户能够回答你；问能够给客户带来好处的问题，让客户愿意回答你。

3.提问的基本方式和技巧

销售员要想销售成功，必须善于向客户提问。销售员问的问题越多，获得的有效信息就会越充分，最终销售成功的可能性就越大。

提问的重要性毋庸置疑，但作为一名销售员，仅仅知道提问远远不够，还应进一步知道提问的方式和技巧，以便在与客户交流中使用。下面就介绍几种向客户提问的方式：

（1）主动式提问

主动向客户提问，就是销售员把心中所想的问题全部说出来，以得到客户的直接回答。这是一种直接的提问方式，如果客户配合回答，销售员会很容易了解客户的需求及其自身情况等。

销售员通过直接提问可以让客户说出他自己想要的产品，这种方式比较适合那些与销售员沟通较好的客户。主动式提问又可以分为开放式提问和封闭式提问两种提问类型。

开放式的提问技巧是指提问中提出一个问题后，回答者围绕这个问题要告诉提问者许多信息，而不能简单以“是”或者“不是”来回答提问者的问题。

这类提问的目的是为了鼓励客户做出比较深入、比较详尽的回答。销售员要想从客户那里获得较多信息，就需要尽可能的采取开放式的提问法。比如“你是否听说过我们公司”这个问题的答案只有“是”与“不是”，而“有关我们公司，你了解哪些情况”这个问题就要好得多。

开放式的提问方式主要有三种句式。

“怎么样……”“您通常都是怎样应付这些问题的？”“我们怎样做，才能满足您的要求？”“您觉得形势会朝着怎样的趋势发展下去？”

“为什么……”“为什么贵公司面临如此严重的问题？”“为什么您想找有这样功能的产品？”

“什么……”“您对我们有什么建议？”“您对这种产品有哪些看法？”“您觉得这种产品的哪些优势最吸引您？”

第二种是封闭式问题。如果一个开放式问题设计出来，是为了让潜在客户能够在他们的思考范围内自由回答的话，那么封闭式问题就是设计出来将他们的回答限定在一个特定的范围之内，有点像对错判断或多项选择题，回答只需要一两个词。

“赵小姐，您平时都用什么牌子的化妆品呢？”

“这是我给您做的保险计划书，您看合适吗？”

“您是否考虑过子女今后的教育问题？”

封闭式问题可以让对方提供一些关于他们自己的信息，供你做进一步的了解（“我一直用 ×× 牌的化妆品”“是的，我肯定考虑过子女的教育问题”）；也能够让他们表明自己的态度（“这份计划书挺合适的”）。

尽管它们有着明确的作用，但是如果单纯地使用封闭式问题，会导致谈话枯燥，产生令人尴尬的沉默。

（2）选择式提问

选择式提问是销售员常用的一种提问方式，在问题中提出两种或两种以上的选择（例如规格大小、颜色、数量、送货日期、收款方法等）让客户任意选择。销售员可以在假设客户买的前提下问他一个选择性的问题，如：“你要加一个鸡蛋还是两个鸡蛋？”也可以用来限定客户的注意力，要求客户在限定范围内做出选择，掌握整个谈话的主动权。例如：

销售员：“看来这个阳台最理想的尺寸是 26 ～ 30 厘米，对吗？”

客户：“对。”

销售员：“您想要一个矮墙，还是一个全装玻璃的阳台？”

客户：“我想要矮墙的，因为可以暖和一点。”

销售员："您想要双扇窗还是单扇窗，是3个通风孔还是2个呢？"

客户："我想要双扇窗，而且是3个通风孔。"

销售员把要介绍的产品分成几类，让客户从中选出一个或几个，这样方便明白，也能让销售员容易找到解决的方法，销售起来更加便捷。

这是在假设他买的前提下，问他一个选择性的问题。所谓"以二择一"术，包括这样两个因素：一是仍将客户视为业已接受我们的商品或服务来行动；二是用"肯定回答质询法"来向客户提出问题。具体方法是，在问题中提出两种选择（例如规格大小、颜色、数量、送货日期、收款方法等）让客户任意选择。

（3）建议式提问

建议式提问对那些拿不定主意的客户来说是非常有效的。销售员可以主动向客户说明产品的优点，同时也要让客户认为你提的建议是正确的，这样客户就会很快地自己做出决定。

"你家小孩如果是四五岁，玩这个玩具会比玩那个更能开动脑筋。"

"我个人认为在车上听轻松的歌曲比听摇滚型的音乐更能让您安全开车。"

"我觉得你家小孩骑三个轮子的车虽然稳定些，但是让他早点学习骑两个轮子的车会更好。"

在销售过程中，销售员应该多利用建议式提问来了解客户需求，因为这种提问方式不但可以真正地帮客户挑选出他喜欢的产品，也可以赢得客户的信任。

（4）引导式提问

销售员先向客户提出一些问题，将客户引到所需要解决的问题上，然后借客户的回答完成交易任务。我们把这种提问称之为引导式提问，引导式提问又包括连续肯定法和诱导式发问。

连续肯定法主要靠销售员提出便于客户赞同的问题，让客户连续地回答"是"，然后，等到要求签订订单时，让客户再做一次肯定答复。

销售员："您觉得这套婚纱照的整体感觉是不是很不错？"

客户："嗯，蛮漂亮的，又有温馨的感觉，又不觉得落入俗套。"

销售员："这可是我们最近专门聘请的高级摄影师、造型师的新作。像这组照片的价位才1888元，不算贵吧？"

客户："这样的价位倒是蛮适中的。"

销售员："我觉得您是个蛮爽快的人。我要告诉您，您很幸运，最近正巧我们搞'店庆5周年活动'，在活动期间我们更有特惠8.5折优惠呢，这么好的机会，您应该要把握好噢。"

客户："哦？这样啊，那就……"

诱导式是要求销售员一步步地诱导客户跟着自己的思路走，让客户没有回想的时间。就好比在陈述一个事实前，先做好一个的框架，然后让客户自动进去。比如：

客户："有没有一层的房间？"

销售员："如果我要能找到一层的房间，你是不是肯定能买？"

客户："如果我们今天就决定，你能下个星期一送货吗？"

销售员："如果我保证下个星期一送货，我们今天是不是就可以签合同了？"

运用引导式提问要求销售员有准确的判断能力和敏捷的思维能力，特别要注意双方的对话结构和语气，避免让客户形成强迫推销的感觉。

（5）摘要式提问

摘要式向客户提问是以问话的形式总结客户的语言或观点，这样让客户觉得你是很认真地倾听他的谈话，是尊重他的。

"您是说对我们提供的服务不太满意？"

"您的意思是，由于机器出了问题，给你们造成了很大损失，是吗？"

"也就是说，先付50%，另外50%货款要等收货后再付，是吗？"

“您是说您正在寻找一家信誉良好、责任心强的人才网，是吗？”

销售员以问话形式重复客户的抱怨，让客户感到他们的意见已受到重视，相应的，其否定情绪也会减弱，在这基础上，再用提问的方法说出自己想说的话，这样接下来的沟通会比较容易。

人的思考模式，就是问题的问答过程。向客户提问，表面看似是一件非常简单的事情，但是并不是所有的问题都会达到预期的效果，对于提问的技巧和方法，销售员需要根据实际情况灵活运用，在实践中多总结。

金牌销售经验谈

①提问的问题不在于标新立异，不在于深奥，而在于有效。销售员要学会运用针对性的提问来逐步实现自己的销售目的。

②提问时销售员要显得很自信，很有掌控力。否则，你的犹豫不决会给客户带来不安全感，你的胆怯也会让客户在洽谈中占据上风。

③没有人喜欢被别人咄咄逼人地审问，一定要注意向客户提问时的态度和技巧。

4. 正确地提问，才能把握客户的需求

销售员在进行产品销售前，把握客户的需求是极为重要的事。有些销售人员一说完“您好”就开始滔滔不绝地介绍自己的产品，这样是很难和客户做成生意的。如果客户对你所谈的内容毫无兴趣，他们就会坐立不安，觉得你的销售对他们来说是一种烦扰。

聪明的销售人员懂得要先提出正确的问题，了解对方的目标和需求，

再将这些信息量化，然后才为其量身定做方案。要知道，提问不仅是一种弄清所谈论话题的最佳方式，而且是一种确认谈话双方都能理解彼此看法、期望与需要的最佳方式。

销售员向客户提问，首要的目的是为了更多地了解客户，探究客户最强烈的内心需求，这样才能有效地开展下一步的工作。

不关注客户内心需求的销售员是很难取得成功的。正如你不会信任一个不问病症就开药的医生一样，客户也不会信任一个不问自己需要什么就推销产品或服务的销售人员。

有这样一位销售机械设备的销售员，一天，他上门拜访一位客户，在之前，他已经通过其他途径对客户做了一定的了解。

销售员："您好，我是 ×× 机械公司的销售员。我们公司生产的机械性能好，价格公道，不知道您之前是否听说过我们公司的产品？"

客户："听说过，不过还不是太了解……"

销售员："其实不少知名企业都是我们的客户，我们的产品……这是产品的相关资料。您觉得我们的产品怎么样？"

客户："这个……我先看看吧，还可以。"

销售员："请问您对产品哪些方面还存在疑问？"

客户："没有……"

销售员："那么您打算什么时候签署订单呢？"

客户："这个，我们暂时还没有这个想法……"

销售员："那您还有什么不清楚的地方吗？"

客户："不，我还需要和公司领导再商量一下……"

在与客户交流时，常会有一些类似的销售员，一味只是想着加快销售进程，而不按照客户接受程度提问，自然很难让客户说出内心的真正需求，销售工作也很难取得成功。如何能够让客户真正说出最强烈的需求呢？这就需要销售员掌握提问的技巧和提问的顺序，销售员只有适时适度地向客户提问，与其一步步深入交流，才能最终了解到客户的真正需求。

如果上面的这个销售员换一种提问的顺序和方式，结果就可能截然不同：

销售员："您好，我听说您的公司准备购进一批机械设备，请问您是否能说一说最符合您公司要求的产品都应该具备哪些特征呢？"

客户："性能好，耐用，易于清理，价格公道，售后服务周到……"

销售员："我们公司非常希望与贵公司开展合作，不知道您对我们公司的产品印象如何？"

客户："你们的产品我倒是听说过，不过不知道具体怎么样，我们的那些标准是否都能符合？"

销售员："如果我们的产品能够达到您所要求的所有标准，并且让贵公司的生产效率大大提高，您是否有兴趣了解一下我们产品的具体情况呢？"

客户："是吗？那我倒是有兴趣听一听。"

销售员："我们的产品……这是产品的相关资料，请您过目。"

在经过一段时间的交谈后，客户已经对产品有了较为深入的了解并有了较为浓厚的兴趣。

客户："哦，不过在运输的问题上你们真的能保证时间吗？"

销售员："对于产品的运输问题，其实您完全不用担心，只要订单签好，我们都会在一个星期之内将产品送上门。那么，您打算什么时间签单呢？"

客户："哦，是这样啊。那么就下周一吧。"

销售员："好的，如果您对这次合作满意的话，一定会在下次有需要时首先考虑我们，对吗？"

我们可以看出，成功的销售员在向客户提问时总是带有针对性和系统性的，先弄清客户的需求，再利用产品做好铺垫，引起客户的兴趣，再以满足客户需求的立场向客户提问，逐步有目的地向客户传达产品相关信息，并针对谈判局面进行合理控制，那么实现交易也就是很自然的事情了。

与客户的交谈是一个循序渐进的过程，只有按顺序适时向客户提问，一步一步地深入到客户的内心，你才能了解到客户的真正需求。这样一来，你就一步一步化被动为主动，成功的可能性就越来越大。

总之，在沟通过程中，销售员要通过不断提问去帮助客户发现自己内心的需要，销售就变得易如反掌，想要取得销售成功也就不再是一件难事了。

但是，不同的提问方式会带来不同的回答和结果，要想准确到位地把握客户的各种需求，销售人员还必须掌握各种提问技巧。

（1）多使用开放性问题

在与客户初次见面时，销售员最好不要马上将话题引入销售的具体问题上来，而是以了解客户为前提，从客户熟悉并愿意回答的问题入手，比如向客户询问：您对产品有哪些具体要求？或是您所满意的产品都具备哪些特征呢？这样先向客户提一些开放性问题，边问边分析其反应，从客户的回答中找出谈话重点，再一步步引导客户进入正题。

使用这种提问方式，就要求销售员对话题做到有效地规范和控制，既不可漫无目的地与客户谈论与产品毫无关系的话题，又不可过于直接地向客户询问与产品直接相关的问题。做到不给客户咄咄逼人之感，又能在之后顺利引入正题。总之，销售员要让客户提供对自己的销售工作有用的信息。

（2）演绎式地问

在客户完整地表述过自己的信息之后，销售员就要对此进行深入理解，并将客户的内心需求和想法通过沟通的方式转化为客户能够理解，并且对销售工作有益的内容。以销售手机为例，当客户表示对音乐手机非常喜欢时，销售员就可以向客户提问：“那么您是否觉得我们这里的音乐手机也很符合您的标准呢？”通过演绎式的提问，销售员就可以将谈话引入与产品相关的话题上，从而更接近谈话的根本目的。

（3）用反问法主动了解客户

有时了解客户需求要用较长的时间，在全面和深入地挖掘客户需求之后，销售人员应该对客户需求进行总结和确认。

当你和客户谈你的产品时，不仅仅你会发问，客户也会提出问题的。那怎么办呢？有一个有效的方法是，反问，即把问题再丢给顾客。切记，当你并没有完全明白客户发问的动机时，千万不要直接回答，否则你可能会失掉订单。例如：

客户："你们卖的手机都是带有彩屏的吗？"

销售员："您希望拥有带彩屏的手机吗？"

客户："这些口红还有其他颜色的吗，还是只有你带来的玫瑰红和象牙白？"

销售员："您最喜欢什么样的颜色？"

客户："你这个东西怎么像假货呀？"

销售员："您能告诉我，这个产品哪一点像假的吗？"

客户："这衣服我不太满意。"

销售员："那您觉得哪一方面您不太满意呢？是样式，还是颜色呢？"

客户："这东西太贵了！"

销售员："您认为最合理的定价应该是多少？"

客户："这东西是挺好的，只是……"

销售员："既然您承认这产品很好，为什么不想现在就买走呢？"

为什么要再把问题丢回给顾客呢？因为你知道自己发问的动机，但并非很清楚对方的动机是什么。

如果你大费口舌，向对方介绍口红有多少种颜色，或者大谈手机彩屏是多么多么的时尚，你就很难弄清楚顾客的真正需求是什么。如果你不知道顾客的真正意图，你又喋喋不休，结果可能会陷入尴尬。

如果你像举例那样反问，对方可能会说："我不喜欢象牙白，更不喜欢玫瑰红的，还是觉得粉红色更适合我的年龄。"要是客户问："请问，你们的座机有来电显示吗？"你可能会心里暗暗叫苦："为什么现在恰好还没有呢？他这样问，证明他会有这种需求，可是，我们要等六个月，才能有这种产品上市呀。我要不要建议他再等一阵子呢？"其实，没必要这么烦恼，你就直接反问他："来电显示对您来说重要吗？"也许他这样回答："不重要，我只是随口问问，因为我听说有这种功能。"

金牌销售经验谈

①介绍解决方案之前，先让客户谈一谈他们的目标与选择标准，这将对双方都有好处。

②初次与客户接触时，最好先从客户感兴趣的话题入手，不要直截了当地询问客户是否愿意购买，一定要注意问题必须循序渐进地展开。

③与客户沟通过程中的一言一行都必须紧紧围绕着特定的目标展开，对客户提问时同样要有目的地进行，千万不要漫无目的地脱离最根本的销售目标。

5.促成成交的巧妙提问

当发现客户有购买意向，却又犹豫不决拿不定主意时，销售员如果太过于直接向客户提出成交要求，往往会让客户感觉不好，一则这样的要求太过于直接，显得有些强势，客户会感觉被动；二则让客户马上做出决定，客户会欠缺一个思考的过程。在这种情况下，销售员用一些巧妙的提问法能起到促成成交的作用。

（1）提高客户对产品需求的紧迫感

在现实销售当中，客户迟迟不愿成交的原因，有时并不是内心需求没有得到满足，而是没有意识到需求的紧迫性，也就是没有下定决心购买。所以，作为销售员不仅要尽量满足客户需求，还要尽可能地提高客户需求的紧迫感。

在向客户提问时，销售员如果能做到有的放矢，切中实质地提出问题，就可能让客户感到不购买产品可能会遇到的困难，不断提升客户对产品需求的紧迫性，进而更快地实现成交。那么，在实际销售中，销售员应该如何通过提问提高客户的需求紧迫感呢？

①运用深化困难的提问方式。在了解到客户需求之后，销售员就要通过对客户内心需求进行认真分析，向客户提出其在缺少产品时可能遇到的困难，然后逐步深化这些困难对客户所造成的影响。

例如在销售员向客户推销抽油烟机时，销售员就可以使用深化困难的提问方式，逐步增加客户需求的紧迫感，提问可以包括以下一些内容：

“您在做饭时没有抽油烟机，您会感觉不舒服吗？”

“当您在烹调过程中感到不舒服时，会有什么感觉？”

“您是否在每次烹调之后都会有眼睛和喉咙不舒服的感觉？”

“油烟对人体的伤害您了解多少？”

“有油烟导致的疾病您了解多少？”

销售员这样不断深化客户所能遇到的困难，向客户展示缺少产品给客户带来的严重性，就能逐渐提高客户对产品需求的紧迫感，从而更快地做出成交决定。

②连续提问提醒客户困难的存在。想要让客户的需求转化为购买产品的强烈欲望，销售员还要注意向客户提问的频率，尽量保持提问的连续性。因为客户只有在连续被提问的过程中，对需求的紧迫感才会持续增强，一旦销售员将提问中断，就会如同将记忆橡皮筋放松，失去了应有的效果。

一旦客户感受到需求的紧迫性，就会快速做出成交决定，以获得内心的安全感。只要销售员对客户需求进行实质性的提问，提高客户需求的紧迫感，就能将客户需求转化成购物欲望，使其做出成交决定。

（2）用“二选一法”问问题

“二选一法”是一种有意将对方的选择范围限制在两个选项之间的提问方式，就是说销售员不必询问客户买不买，而是在假设他买的前提下，给客户提供两个可供选择的答案，而且两个答案都是肯定的。

有两家卖粥的小店，左边这个和右边那个每天的客户相差不多，都是川流不息，人进人出的。然而，晚上结算的时候，左边这个粥店总是比右边那个粥店多百多元的收入。天天如此。

走进右边那个粥店时，服务小姐微笑着迎上去，盛了一碗粥，问道：“加不加鸡蛋？”客人说加，小姐就给客人加了一个鸡蛋。客户里面有说加的，也有说不加的，大概各占一半。

走进左边的那个粥店，服务小姐也是微笑着迎上前，盛上一碗粥。问道：“加一个鸡蛋还是两个鸡蛋？”客人笑着说：“加一个。”再进来一个客户，服务小姐又问一句：“加一个鸡蛋还是两个鸡蛋？”爱吃鸡蛋的就说加两个，不爱吃的说加一个。也有要求不加的，但是很少。

一天下来，左边这个小店就要比右边那个小店多卖出很多鸡蛋。

左边店里的服务小姐用的就是二选一法。

这里，前后两句都是选择问句，但所问的效果却不一样。前者的提问，给客户留下的选择余地大很多，而且有风险，因为客户的回答可能是否定的。而后者不问加不加鸡蛋，而问加几个鸡蛋，这个问题进一步缩小了对方的选择范围，而且两种回答都只能是肯定的。

还有一些二选一的问题如下：

"不知您要购买哪一种？A种还是B种？"

"不知您要今天送货还是明天送货？"

"去拜访您，上午方便还是下午方便？"

"××先生，我是将正式合约送到您的办公室好呢，还是直接送到您家里？"

"您要哪种款式的？中式还是西式的？"

"您喜欢什么颜色呢？红色还是白色？"

总之，用"二选一法"的好处是不要让客户在买或不买之间自行做决定，而要让客户在买多还是买少，买这样的产品还是买那样的产品之间做决定。在运用"二选一法"时，可配合重点说明，强调特点优点，加以辅助。例如：

王先生在考虑是否要为自己的爱车更换真皮坐椅，当他走到某汽车零件店咨询时，接待他的销售员问："先生，您想换哪种款式的真皮座椅呢？A品牌的价格实惠，B品牌尽管价格贵一点，但经久耐用，还有C品牌质感舒适，包您在开车的同时享受到非同一般的感觉……"

王先生情不自禁地回答："换C品牌的。"

金牌销售经验谈

①能否成交，关键在巧妙提问。不同的提问方式会获得不同的结果。

②一旦客户感受到需求的紧迫性，就会快速做出成交决定，以获得内心的安全感。

③运用二选一的技巧容易固定客户的思维，促成成交。

6.说服的最高境界是问问题

销售是一个说服客户的过程，你所有的建议必须使对方从心底认同，他才会做出有利于你的决定。说服客户有许多方式，其中提问题是一种有效的说服方式。

提问题的目的在于引导客户一步一步朝销售员既定的方向做出决定，这种引导是高明的手段，它可以使客户在没有被强迫的感觉下愉快地接受你的推荐。因此，我们应该认识到：提问题是说服的最高境界。

当销售员向客户提出问题时，客户的注意力往往被锁定在沟通的情景中，其谈话方向也能被销售员掌握。提问可以使销售员有效地掌握主动权，对销售进程做到了如指掌，最终说服客户。

小李是一家电子科技公司的销售员，这天，他去拜访一位科贸公司的经理，希望通过与其的合作，实现自己本季度的销售任务。但是在沟通的过程中，科贸公司的经理提出了不同看法：

客户："到现在为止，所有厂商的报价都太高了。"

销售员："哦，不过您应该看到，我们的报价虽然较高，但是我们的产品质量却最好啊。"

客户："不是这样的，就是同质量的产品相比，你们的价格还是有些高了。"

销售员："也许您对我们的产品认识还不够，我再向您仔细介绍一下……"

客户："不用了，我都了解，主要就是价格问题，如果你们的价格可以在我圈定的范围之内，我们可以考虑一下。"

销售员："我们产品的质量真的不错啊，同其他厂商相比，我们的价格虽然并没有多大的差别，但是从产品质量上来说，绝对可以保证优质，我们还是有优势的。"

客户："这个……我认为同其他产品相比，你们的产品优势有限……"

小李销售失败主要在于不懂得用提问争取销售谈判中的主动地位，而是始终被客户牵着走，没有任何可以控制客户的空间。针对上面的情景，销售员可以这样来做：

客户："到现在为止，所有厂商的报价都太高了。"

销售员："所有的报价都太高了？真的是这样吗？"

客户："是的。"

销售员："不过，我想您应该不会反对我与您进一步展开合作吧？"

客户："反对倒还不至于。"

销售员："那么如果我们有机会再次合作，难道您不觉得我们可以帮助您建立更广泛的客户群吗？"

客户："嗯，很有可能。"

销售员："您想我们平时买优质的手机和传真机，都是为了拥有更好的通信质量，对吗？如果我们的产品通过与您的合作被更多人所使用，那么那些受益者第一个想到的就是贵公司的名字，对吗？"

客户："嗯，那倒是这么回事。"

销售员："所以您不反对我们通过合作可以帮助更多人建立起一套更实用的电话系统，是吗？"

客户："是。"

作为销售工作成败的决定者，只有在谈判中掌握主动性，才能获得掌控销售进程的权力，进而决定销售工作的前进方向。销售员提问客户的首要作用就是将被动转变为主动。在销售中掌握了主动，想要实现销售成功也就不再那么困难了。

在销售过程中，在你使用提问法与客户沟通时，就是在让买方自己解释反对性的理由，这时，你就成了提问者，而客户则成了回答者。这样一来，你希望从客户那里获得什么答案，都将是一件不再困难的事情。

那么，在具体说服过程中，销售员应该如何向客户提问题呢？

（1）进行引导式提问

对于某些人来说，用提问来引导他做出决定往往比直接说服的力量要大得多，提问能让客户有效参与到推销过程中来。

引导客户的提问应该要以得到客户的肯定答案为目的，而且问题的答案应该就是自己想表述的内容，只不过由客户自己说出来，最终自己说服自己。

一对恋人相约在百货公司门口碰面，女孩子因为有事耽搁，打电话告诉男孩子会迟到半个小时。男孩子闲着无事，在百货公司柜台前闲逛，走到了商店卖口红的专柜前面。

专柜小姐说："先生，您看一下这些口红多么好看呀，今天我们促销，每支才 60 元。您要买哪一种颜色的口红？"

"不知道，等我的女朋友来了问她好了！"

专柜小姐说："先生，不对吧！口红的颜色应该是您来决定呀！是不是您要买口红给女朋友？是不是您要出钱？"

"当然了！"男孩子说。

"您是不是希望您的女朋友擦给您看？"

"对呀！"

这样，专柜小姐成功地说服了这个男孩子，成功地销售出好几款不同颜色的口红。

（2）反问客户为什么

每次客户拒绝或者提出反对意见，销售员就应该去问客户问什么，这是销售宝典中一个非常有价值的词。如：

客户："你的公司不可靠。"

销售员："我们公司的信誉一向不错，您为什么这么认为呢？"

客户："你的机器太重了。"

销售员："您完全可以提起它，为什么说它太重呢？"

客户："能容我考虑下吗？"

销售员："为什么？"

客户："我希望你的价格再低一点。"

销售员："王先生，我相信您一定希望我们给您百分之百的服务，难道您希望我们给的服务也打折吗？"

客户："说的也是。"

对客户的异议问一个为什么比直接用陈述句的形式摆事实、讲道理的作用要大得多，主要有有如下好处：

①客户在回答你的"为什么"时，他必须要阐述自己提出反对意见的理由，这样你就能知道他内心的想法，听到他真实的反对原因。

②客户也会在回答的时候对这个问题进行严谨的思考，检查自己的反对意见是否妥当，如果他意识到自己的反对意见是没有经过思考就脱口而出的偏激行为，就会为你省去许多"口舌之争"。

③在你倾听的时候，你也能有较多的时间思考如何处理客户的反对意见，找出说服对方的对策，进而达成交易，而不会被一个问题弄得手足无措。

④问客户"为什么"能给予客户一种被尊重的感觉。

（3）转移客户注意力，以问答问

当客户产生异议，抛给你一个问题的时候，你必须要接住，回答的时

候如果也能以问句的形式，就会产生出奇制胜的效果。如：

客户："10万元？这车也太贵了吧？"

销售员："您是做生意的，没有车的苦头您也吃过很多了。这辆车您会每天都使用，不仅能让您在客户面前赚足面子，还能提高您的办事效率，给您带来的既有无形的收益，也有有形的好处。你想想下雪天开着车去谈判的情景，10万元您还会觉得贵吗？"

客户："这个房子我还是比较满意的，就是价格高了一点，如果月供的话，我还是觉得有点吃力，能不能便宜点啊？"

销售员："您租房子也要每个月1500元钱，现在月供只要每个月1800元钱，只增加了300元而已，您就不想从此拥有自己的房子吗？有了房子，您就有了自己的固定资产，就真正拥有自己的一个家了。如果您是用公积金供房，那么对您的可支配收入是没有影响的。您是用公积金供房吗？"

在前一个案例中，销售人员回答后所给出的问题会让客户联想着开着车去和厂家谈判的情景，从而会觉得物有所值。在后一个案例中的销售员则让客户的思维跳跃到下一个话题，不再耽搁在每个月需要还款多少的问题上。

这种方式其优点在于，可以起到温和反驳的作用，或者在你回答以后让客户进入下一个话题，而且这样一来一往，互动性非常强，可以不断激发客户的思考。

金牌销售经验谈

①向客户提问题，是最能引导客户注意力的方法。如果在说服的过程中，你能提出一些高明的问题，客户会在不知不觉中跟着你走，从而进入你的思考模式。

②运用恰当的提问，销售员能从对方的回答中获得对方的真实想法，再加以疏导和说服。

7. 提问时需要注意的六个方面

虽然有效的提问对于同客户保持良性沟通具有诸多好处，但是如果在提问过程中不讲究提问的技巧，那不仅达不到预期的目的，恐怕还会引起客户的反感，从而造成与客户关系的恶化甚至破裂。要做到成功地提问，销售员需要特别注意一些事项。

（1）站在客户的立场上

要尽可能地站在客户的立场上提问，不要仅仅围绕着自己的销售目的与客户沟通。对于某些敏感性问题尽可能地避免，如果这些问题的答案确实对你很重要，那么不妨在提问之前换一种方式进行试探，等到确认客户不会产生反感时再询问。

（2）从客户感兴趣的话题入手

初次与客户接触时，最好先从客户感兴趣的话题入手，不要直截了当地询问客户是否愿意购买，一定要注意循序渐进。

（3）提问时一定要足够礼貌，不要鲁莽，也不要畏首畏尾

与客户相处时要注意礼仪，提问的时候要自然亲切，切不可咄咄逼人，也不要唯唯喏喏，让客户感到失望。

（4）考虑客户回答的难度

选择问题时，一定要给客户留下足够的回答空间，在客户回答问题时尽量避免中途打断。提出的问题必须通俗易懂，不要让客户感到摸不着头脑。

（5）问题必须切中实质，不要无的放矢

销售人员必须记住：与客户沟通过程中的一言一行都必须紧紧围绕着

特定的目标展开，对客户提问时同样要有目的地进行，千万不要漫无目的地脱离最根本的销售目标。

在约见客户之前，销售人员应该根据实际情况针对最根本的销售目标进行逐步分解，然后根据分解之后的小目标考虑好具体的提问方式。这样一来，既可以避免因谈论一些无聊话题而浪费彼此之间的时间，又可以循序渐进地实现各级目标。

（6）选择恰当的时间提问

审时度势的提问，不仅容易立刻引起对方的注意，保持双方对讨论的兴趣，而且可以按照你的意愿主导谈判的方向。因此，在提问时，一定要注意把握时机。即使你急着要提出问题，也应该等对方充分表达之后再提问。过早过晚提问，都会打断对方的思路，而且显得不礼貌，也影响对方回答问题的兴趣。

在对方还没有答复完毕以前，不要提出你的第二个问题。与沟通无关的问题，最好在沟通前、沟通后或中间休息时提出。要想控制谈话的方向，可以连续发问，但每次提出的问题要单一而明确，所提出的问题，前后要有连续性、逻辑性。

另外，提问时要注意对方的情绪。当对方情绪高涨时，可以抓紧时间多问，问深些；反之，则尽量少问，所提问题亦不能太深。

金牌销售经验谈

①向客户提问时必须关注客户需求，注意客户的喜好，不要令客户对你的问题感到难堪。

②没有人喜欢被别人咄咄逼人地审问，一定要注意向客户提问时的态度和技巧。

③从见到客户的第一时间起就要关注整体环境和客户透露出来的重要细节，只有建立在最充分信息的基础上的提问，才更具有针对性。

第六章
一句话激发客户的购买欲望

激发客户的购买欲望是销售员获得订单的一种必要手段。因为，客户虽然可能对产品感兴趣，但与产生购买欲望还是有一段距离的。因此，销售员必须开动脑筋，迅速而准确地把握住客户的心理，想方设法激发客户的购买欲望。

只有客户有了强烈的购买欲望，他才会下定决心购买你的产品。欲望来自需求，我们首先要了解客户的需求，向客户说明我们的产品可以满足他们的需求，然后巧妙地将客户的需求程度上升为强烈的购买欲望。

1.主动了解客户的需求，说话说到位

销售的秘诀就在于找到人们心底最强烈的需求并帮助他们设法满足这种需求。客户的每一个购买行为都满足着某些需求，在销售过程中，你最重要的工作就是找出客户购买这种产品背后的真正需求或价值观。

然后，你就可以调整自己的销售方式及产品介绍过程，让客户能够明确地感受到这一产品能够符合他们某些内在的价值观以及满足他们真正购买这一产品所需要获得的感觉。如果对客户的真正需求不了解，抱着碰运气的心态，往往只会碰一鼻子灰。

有一天，有位老太太来到一家水果店里，问店老板："你这儿有李子卖吗？"

店老板赶忙迎上前去对她说："老人家，您要买李子啊？我这儿当然有啊！您看，我这儿的李子又大又甜，刚运过来的，不甜不要钱，还新鲜得很呢！"

没想到，老太太听了店老板的话之后，竟然扭头就走了。

店老板感到很纳闷：这也太奇怪啦，我说错什么啦，我哪儿做得不对得罪老太太了吗？

老太太来到第二家水果店，对这家的店老板问了同样的问题："你这儿有李子卖吗？"

第二位店老板马上迎上前去说："老人家，您要买李子啊？"

"是啊。"老太太应道。

"我这里李子有酸的，也有甜的，您是想买酸的还是想买甜的呢？"

“我想买两斤酸李子。”

第二位店老板便动作利索地给老太太称起了酸李子。他边称边好奇地问老太太：“在我这儿买李子的人大多数都喜欢吃甜的，您为什么要买酸的呢？”

“哦，最近我儿媳妇怀上孩子啦，特别喜欢吃酸李子。”

“哎呀！那真要特别地恭喜您老人家快要抱孙子了！有您这样照顾周到的婆婆，可真是您儿媳妇天大的福气啊！”

“哪里哪里，怀孕期间当然最要紧的是吃好，胃口好，营养好啊！”

“是啊，怀孕期间的营养是非常关键的，不仅要多补充些高蛋白的食物，听说多吃些维生素丰富的水果，生下来的宝宝也会更聪明些呢！”

“是啊？有哪种水果含的维生素更丰富些呢，你给我推荐推荐！”

“很多书上都说猕猴桃含维生素最丰富！”

“那你这儿有猕猴桃卖吗？”

“当然有，您看我这进口的猕猴桃个大汁多，含维生素多，您要不先买一斤回去给您儿媳妇尝尝？”

于是，老太太不仅买了两斤李子，还买了一斤进口的猕猴桃，而且以后几乎每隔一两天就要来这家店里买各种水果。

事实上，这两家水果店的店老板代表了两种不同的销售员。第一个店老板是一个不合格的销售员，只知道一味地告诉客户自己的产品如何如何好，而不善于了解客户需要什么；第二个店老板是一个优秀的销售员，他不仅了解和满足了客户的一般需求，而且还挖掘创造了客户的潜在需求——需求背后的需求。

客户为什么会购买你的产品？你也许会认为，是因为产品的价格低，或是因为产品的质量好，所以客户才会购买。也许有时候是这样，然而大多数时候，购买行为的发生，并不仅仅只是因为产品的价格或者是产品的质量。

每个客户购买某种产品的目的都是为了满足他背后的某些需求，而这些需求的满足大多数时候并不是产品表面所提供的功能，而是这些产品满足了客户消费背后的某些价值观或感受。例如，许多人买车买的并不是车子本身。他们买的可能是车子所能够带给他们的某些感觉，比如说便利的感觉、安全的感觉、舒适的感觉、身份的象征、成就感、自信心等等，这些就是所谓的价值观。

所以，销售的第一步就是找出客户的真正需求，这样你才能引导对方买下你所销售的产品。当你充分了解你的产品并且推销技巧日臻纯熟的时候，你的这种能力也将日益提高。最顶尖的销售员就是让这份能力变成一种本能，在掌握人心的情况下，充分发挥出推销的本领。

金牌销售经验谈

①销售的第一步就是找出客户的真正需求，这样才能引导对方买下你所销售的产品。

②分析客户的潜在需要，唤起他们的需求，但千万不要生硬地将这种需求强加给客户。

③主动了解客户的需求，说话说到位，说到客户的心坎里。

2.有了感觉，就有了购买欲望

有人把销售的秘诀总结为四个字：“销”“售”“买”“卖”。

销的是自己（的影响力）；售的是好处；买的是感觉；卖的是价值。客户买的不仅是有形的东西，也是东西背后无形的感觉与价值。有一个商业大亨在晚年时透露他的商业机密：人们要买的不只是一个产品，真正要的是——感觉。

一朵花并不值多少钱，可是一个少女会把男友送给她的花百般珍惜。为什么呢？为的是感觉。

名牌的衣服真的就比一般中高档的衣服要好很多么？不一定。但是人们要的是名牌，要的是穿在身上那种尊贵的感觉。

所以，仔细研究你的产品或服务，把它能给客户带来的感觉从图像、声音、味道、感受等方面描述出来，即他们拥有了这个产品之后会有什么好处：

他们能看到什么？（流线型的身形、夏日最流行的色彩、梦一般美丽的容颜等等）

他们能听到什么？（别人的赞扬等等）

他们可以闻到什么或尝到什么？（“家的咖啡，给你带来家的味道”等等）

他们能感受到什么？（成功人士的感受等等）

不管销售什么产品，你把东西介绍明白还远远不够。你还要通过各种方式，让客户看到、听到、尝到、闻到、感觉到，让他们全方位地感受你的产品，体会产品带给他们的美好感受。

请看这样一个汽车销售场景：

一位年轻时尚的汽车销售员精神饱满、面带微笑地将客户引到汽车前面。

销售员：“这款车是流线型的，最适合年轻人开，尤其是这种银灰色，是今年最流行的颜色，开出去既炫又亮眼。”（示意他可以触摸）

客户：“看起来很不错。”（客户打开门然后关上门，砰！）

销售员：“你看多么扎实，这辆车的结构非常安全，从听关门的声音就知道，一般的车关门声都是空荡荡的，这个关门声您都听到了，多么扎实，单单听关门的声音就很舒服！”（销售员再打开车门，招呼客人进到车里）

销售员：“您一进来是不是有一种紧紧的踏实的感觉，当您开车的时候会觉得很安全，然后您看发动引擎，踩下油门，您有没有听到怒吼声？仿佛在跟我们说，我想要出去跑了！”

客户：“是啊！我感觉到了！”

销售员：“当您拥有这样一辆车，您一定会得到朋友们更多的羡慕，而且很适合您的身份。”

客户：“嗯，那就要这辆车吧。”

这位汽车销售员通过让客户触摸车身、开关车门、坐到车子里面等等，满足了客户的参与感；通过强调车子的舒适性和客户拥有这辆车后的感觉，充分调动了客户的想象力，从而激发了客户购买车子的欲望，最终买下了这辆车。那么如何让客户对产品和服务产生感觉呢？

（1）用语言的魔力构造出一幅打动人心的图画

当人们听到或者看到某种事物的时候，往往会在潜意识里为这件事或这种东西勾勒出一幅图画，然后根据这幅图画作出判断。在销售过程中，如果你善于利用构图技巧，就能够有效刺激客户的购买欲望。构造打动人心的图画有四个步骤。

第一，先想好你的产品和服务对这位客户有什么作用，也就是说这位客户会用你的产品或服务做什么，想从中得到什么。简单地说，就是用了你的产品和服务客户会有什么好处。

第二，再自问：“客户在使用这个服务、享受它的效果与获得它的益处时，会是什么样的快乐的景象？”

第三，你要用心灵的眼睛“看见”，在自己的脑海里想象出一幅有趣的、具体的、能打动人心的图画，然后再化为文字。

第四，把这幅图画像放电影一样有声有色地描绘给你的客户听，在客户的头脑中勾勒美好的画面，唤起客户的美好感觉。

你为客户构造出画面，越是幸福、美满、有吸引力，越能打动客户，激起客户对这幅美丽图画的向往，从而接受你的服务，进而产生购买的行为。

例如，你若是销售跑步机的话，可以这样说：当你早上起床，穿上运动鞋和休闲装，打开窗户，深呼吸一口清新的空气，明媚的阳光照在你的身上，然后你踏上跑步机，轻松舒畅地开始跑步，你的速度由慢到快，当你轻微出汗时它会提醒你时间到了，然后你开始洗浴，梳洗整齐，穿上刚刚熨过的职业装，信心百倍，神清气爽地走出家门，开始一天的工作。

在你说这些话的时候，要尽可能地压低声音，减慢语速。另外注意要有充分的信心，让他们感到你在这个方面是权威的，这样他们就会相信你所讲的每一句话。

当然，不要等到客户上门了才开始思考你的用词，平时就要一百遍一千遍地研究与练习创造感觉的语言技巧。

（2）参与才会主动，体验才有感受

对于一种产品，如果只是让客户在一旁观看，感觉就有些像“雾里看花”，比较容易厌倦。相反，如果让客户参与其中，他们对产品就会有新的发现，而且能保持热情，对你所介绍的产品全神贯注。

例如，卖化妆品的美容师：“这瓶化妆品您抹在脸上是不是感到很润滑但不油腻，而且皮肤会显得更加白嫩。”销售纸张的业务员：“你摸一摸这纸张的质地是不是很光滑，撕开一张看看里面的纤维是不是很均匀，再闻一闻是不是有一种新鲜的纸香气。”

为客户示范产品时，销售员最好让客户自己操作，你只需要站在一旁指导和说明。让客户亲自动手，他才会找到感觉，才会有第一手的体验，这比你做示范更有说服力，你只需要准备一些支持性的资料，包括广告宣传单、图表、说明书等等，以充分的证据帮助你作解说。

正所谓“眼看千遍，不如手摸一遍”。让客户亲手示范的好处是引发客户的购买欲望，让他们的感官来刺激购买动机。从示范中，他们可以“看到”“听到”“闻到”“尝到”甚至“感觉到”产品真实的一面。总之，愿意试用产品的人至少有一半购买的意愿。

金牌销售经验谈

①人在心底是以图像的形式来思考的，所以我们要用“语言影像”来激发客户的购买欲望。

②客户在头脑中“看到”你说的话，才会有感觉。有了感觉，需求也就产生了。

③感觉是多方面的，必须尽可能地调动客户多方面的感觉器官。

3.给客户一个购买理由

给客户一个购买理由，才能把产品更多、更快、更有效地卖给客户。销售成功与否关键就取决于你给客户的购买理由充不充分。如果你的理由比竞争对手的更能说服客户或更具有竞争力，客户选择的就是你，否则将是对手。

在这个客户可以有无限选择的时代，你提供的理由能否直击客户“要害”，将决定你的企业能走多远。有的企业吹得天花乱坠，客户却稀里糊涂，最终离你而去。为什么？因为你没有击中客户的“要害”，没有和客户进行深度沟通。你不知道客户真正需求的是什么，而自己却一味地满足于产品所谓的“优点”。这种行为简单地说就是“自恋”，那么你就自我欣赏去吧。

如果这样，你给客户的理由就是想当然的理由而非客户所想，自然难以说服客户。

给客户一个正中下怀的购买理由有个前提：了解客户的需求或者找出

客户的需求，甚至是为客户创造需求，然后再将其需求明确地指出。因为向对方销售他们所需要的东西，要比说服对方来买你所要推销的东西容易得多。

一天，王先生在商店中看到一种迷你式的小壁灯。它小巧玲珑，美观大方，引起了王先生的注意。

这时一位售货员小姐上前推荐说："这灯很灵巧，先生您买一个吧！"

王先生顺口说："我家里已有8盏灯。还有电筒……"这位小姐听王先生这么一说，竟无言以对。

这时，另一位年纪较大的售货员开口了，她很客气地问王先生："先生常看电影吗？当您走进电影院，遇到已经熄灯又看不到服务员时，您不是可以用这个迷你灯吗？"

看到王先生脸上越来越感兴趣的神情，她接着又说："您有过半夜醒来看手表的习惯吗？"她一面说着一面操作迷你灯。王先生觉得这位售货员说得很在理，自己的确很需要这样一盏灯，于是很高兴地掏出5块钱。

第二位售货员将迷你灯和它的实用性、方便性结合起来，用礼貌的态度和有力的语言，清清楚楚地说给王先生听，最终达到成交的目的。

可见，要想让客户心甘情愿地下决心购买你的产品，只有一个方法，就是千方百计地开发和满足客户的需要与渴求，找出购买理由。让客户发现原以为不需要的东西，其实是很需要的，然后，销售员引导客户进一步将这可能的需要变为眼前的需要，一步步地说服客户。

有些销售员很少主动出击，不去挖掘客户的需要，在他们看来，如果对方真的有所需求的话，用不着过多的交流他们就会消费购买的，而当对方看起来没有这方面的需求的话，就算费尽口舌也难以说服对方。

但事实上，欲望需求和购买动机在每一个购买行为中都存在。只有了解了客户的购买心理，才能及时了解客户想买什么及为什么要买，为客户找出一个购买理由。以下是客户最普遍的购买动机和欲望需求，销售员可以从这些方面着手，分析客户的购买心理：

（1）实用、省时、经济耐用上的考虑

衣、食、住、行的满足是顾客最基本的需要，因此顾客总是对那些经久耐用、价格低廉的商品感兴趣，他们想使自己手中的货币实现较高的价值。例如："现在这些羊毛衫，都是特价商品，不仅实惠而且保暖耐穿。"

（2）健康方面的考虑

人们如今越来越希望购买到的物品能对身体健康有益，或者至少不损害健康。随着现代科技的发展和人民生活水平的提高，顾客在购买物品时越来越重视健康与卫生方面的因素。

（3）舒适与方便上的考虑

人们都喜欢舒服，所以也希望购买的商品用起来能使自己舒适、方便一些。当客户说"这把椅子很舒服"时，其意思其实是："我喜欢这把椅子，当我坐在上面休息时会感到很舒服，因此我想拥有它。"另外，便于操作、稳定可靠的东西对客户会有一种很强的吸引力，尤其是需要一些专业知识才能操作的东西，如果变得简单易用，肯定能大受顾客青睐。例如，"傻瓜"相机就是基于这种考虑而设计出来的。

（4）安全上的考虑

人们都希望有一种安全感，以便遇到可能的伤害时能够进行有效的防护。这是一种安全需要的体现。客户在了解一种产品信息时，一般都希望了解这种产品的安全可靠程度，如果觉得该产品安全系数低，买卖就肯定告吹。因此，销售员可以强调产品已经过质量监督局等单位的检测，具有权威性和相关保修退换承诺。

如今许多商品都要经过质量监督局等单位的检测，以查明某种商品是否能安全可靠地使用，就是出于安全上的考虑。另外，人们都普遍关心避免丢失钱财物品，所以，现在防护器材十分畅销，各类保险也越来越受人们的喜爱。

（5）多样化和消遣上的考虑

生活多样化和消遣是一个人恢复体力和精神的一种手段，它为人们的生活增添了乐趣。例如，为了消遣和娱乐，我们可以去购买帐篷、睡袋、灯笼等，以便在野营中度过愉快的周末。

（6）爱和兴趣上的考虑

爱和兴趣是一种带有感情色彩的购买动机。有很多时候，客户购买产品是为了满足对另一个人感情上的需要。

例如，当一位母亲走进你的商店，为她 8 岁大的女儿买脚踏车时，你就要了解她在找什么，需要什么，有可能，她不只是需要一辆脚踏车，而是在寻求一种与女儿分享快乐的体验——教她的女儿如何骑车，就像她的母亲在她 8 岁时教她骑车一样。也就是说，她是在找寻一个值得一生怀念的美丽回忆，一个可以与女儿怀念一生的时刻。同时，她买的是带给女儿的一份安全和喜悦。

基于这一认识，你可以向她推荐不是最高级的、可以赚得最大利润的脚踏车，而是更适合小孩用的车。当这位母亲知道了你不是只推销产品给她，而是在为她着想时，她会成为你的忠实客户。几年后，她的女儿又需要一辆新的脚踏车，这时她又会想到你。

其实，当购买行为是为了表达爱而进行的时候，购买者会觉得自己的购买行为非常惬意。例如，当你买高档保健品给上了年纪的父母时，心中会充满了爱。

（7）声誉和认可上的考虑

产品的声誉能对顾客产生很大的影响。这种声誉天长日久后会在顾客心里形成一种对该产品的偏爱，从而比较容易激发顾客的购买欲望。例如世界上的名牌产品皮尔·卡丹、劳力士、香奈尔、耐克、彪马、宝洁、日立、松下、索尼、阿迪达斯等都深受全球各地的顾客喜爱。

每个人都希望别人注意自己，希望得到别人的尊重。流行服装、艺术珍品、高档家具和其他奢侈品的推销，都是为了满足顾客希望得到认可的心理。这些象征物还能帮助顾客获得事业上成功的感觉，满足其赶时髦的心理需求。

当然，客户总是在不停地寻找那些满足自己需求的产品。销售员要做到不要企图将过时劣质的东西卖给客户，因为即使客户一时接受了，不久也会认识到他买的是一件已遭淘汰的产品，这会失去客户对你的信任。

再次，由于人的个性千差万别，有的人讲究经济实用，有的人追求健康，有的人则希望自己受人爱戴，具有较高的声望等等。销售员要练就一双慧眼，运用有效的语言技巧唤起客户的消费需求，刺激客户的购买欲望。

金牌销售经验谈

①销售员除了要了解自己的产品，依赖自己的产品，热情地推销自己的产品，还要了解客户到底需要什么东西。

②有时候，客户并不明确自己是否需要这种产品，这就需要你挖掘或者创造客户的需求。

③给客户一个购买理由不是强买强卖，这个理由不能是想当然的理由，而是要根据不同客户的实际需求创造性地发挥。

④找到可以说服客户购买的理由，然后认真地将这个理由传播到广大客户那里。

4.推动你的客户，帮客户下决心

面对客户对产品表现出的犹豫不决、疑虑重重，一些销售员常常会感到不知所措。客户到底在想什么？客户为什么总是犹豫不决，下不了决心？

客户在犹豫问题没有得到解决之前是很难做出一个明确的购买决定的。如果销售员对客户的犹豫不决不分析、不探究，只是一味地强调产品的优点，甚至使用一些消极性的语言，如“那好吧，您想好了再来吧”等来回应客户，结果常常导致销售工作半途而废。

俗话说“打铁趁热”，做销售工作也是同样的道理。如果客户表现出了犹豫不决，销售员一定不要单纯地等待客户自己解决，更不可为了尽快成交而逼迫客户，而是要从根本问题出发，找到客户犹豫不决的原因，并想方设法解决客户心中的疑虑。

刘小姐是一家服装店的销售员，一天，一个中年妇女走进来，在店里转了一圈，最后，她对着一件宝石蓝色的上衣左看右看，拿起来又放下，似乎很是犹豫，经过刘小姐的一番劝说，这位女士仍然表示出一幅犹豫的样子：

客户：“这个，我还是和老公再商量下吧，考虑好了才买吧。”

销售员：“其实这件上衣真的挺适合您的，我也看出您特别喜欢这件衣服。不过您说要和老公商量下，其实我能理解，现在赚钱都不容易，而且关键是如果老公觉得漂亮，您穿起来会更有自信。”（肯定客户）

客户：“是啊，所以我想回去商量下。”

销售员：“不过我只是担心我有什么没有解释清楚的地方，所以想请教您一下，您到底是在考虑哪一方面的问题呢，是衣服的款式还是颜色呢？”（引导客户说出犹豫的原因）

客户：“款式还可以，主要是这个颜色，我担心我老公不喜欢，因为我很少穿这种颜色鲜亮的衣服。”

销售员：“您能尝试不同于以往的打扮，说明你很自信，很有魄力。其实在我看来，您非常适合这个颜色，您试穿一下就会发现，您的气质完全能通过这件衣服展示出来。”（肯定客户，让客户自信）

听了销售员的劝说，这位女士开始试穿了。

销售员：“这件衣服非常符合您的气质，无论是款式、颜色还是面料，都非常不错啊。如果不穿在您的身上真是太可惜了。”（肯定客户）

客户：“还不错，不知道我老公是否喜欢……”

销售员："您的先生肯定会喜欢的，这款衣服就剩下这一件了，卖的非常好，如果您不买，那真是遗憾啊！"（施加一点压力）

客户："是吗？那……我现在就买吧！"

探究客户犹豫背后的原因，是解决客户犹豫不决的根本。在找到原因之后，辅以正确的销售手段与客户展开沟通，往往能取得意想不到的效果。

那么在与客户沟通的过程中，怎样才能打动你的客户，使客户下决心购买你的产品呢？

（1）引导客户说出犹豫的原因

客户的犹豫不决总是有原因的，也许一个小小的问题，就让客户无法下定决心购买产品。客户心里拿不定主意，销售工作自然受到影响。

在具体寻找原因时，销售员首先可以通过观察客户的举止、表情等，做一个大致的揣测，也可以直接询问客户的意见，让其自己说出犹豫的原因。例如你可以直接向客户询问："先生，实在是对不起，原谅我不太会讲话，这个产品一定是让先生您有什么不明白的地方，不然您不会说'让我考虑下了'。可不可以将你所考虑的事情说给我听听，让我知道好吗？"或是："还有什么其他的原因让您不能现在做出决定吗？"等，这样认真地说很有必要。如果客户的确被类似的疑虑纠缠，大多都愿意说出来，以寻求销售员的帮助，所以销售员大可不必担心客户会产生反感。

（2）肯定客户，让客户自信

为什么我们很多时候可以通过给予客户自信，而拿到订单呢？因为心理学家指出，一个人可能同时具有想自信却又无法真自信的两种心态。如果你能给予客户一些肯定的暗示，去增加他对自己决断的自信，那么你一定能赢得对方的心。

比如销售员可以时不时提醒客户"这件产品真的很适合您""如果您不买这件产品真的很遗憾啊""您完全不用担心，您购买产品以后一定会有朋友羡慕您的"等。这些肯定的语言可以在一定程度上坚定客户的购买意向，帮助排除犹豫心理。

在向客户表示肯定的过程中，销售员一定要保持态度的真诚，真正让客户感受到称赞和认同，切不可为了尽快成交而忽略谈话的语气和态度，否则不仅不能帮助客户消除犹豫心理，还可能使客户更快地离开。

另外，谨慎而固执的人，往往持有不信别人的态度，并以这种心态去左右自己的行为，其实，他并不是没有相信别人的意愿，但他希望别人能信任他的意念更强烈些。对于这种人，我们就得先为他设计一套理由："如果你这么做，不但对你自己，而且对他人也是很有帮助的。"以此来晓以大义，方能将他说服。

比如，有一个卖宝石戒指的销售员对一个正犹豫不决的少妇说："你若戴上这个戒指的话，一定能变得更完美，而你的先生也会更喜欢你！"

销售员这句话的含义是说，你这么做并非是为了你自己，你同时也是在为你的先生。如果你的先生知道了，他也必定很乐意买下。如果你能更进一步地这样说："你现在买了它，即使若干年后你想脱手时也能高价卖出，这对于你的家庭，又何尝没有保值的作用呢？"

对方一听，必定会认为她买下这个兼具保值功能的戒指，并非只为了自己，既是为了她一个人，更是为了这个家。于是，她立刻掏腰包把你的产品买下来的可能性就大大增加了。

（3）给点压力或诱惑

在一个人感到压力时，往往会更快地做出决定。在客户购买产品时，销售人员也可以利用这个现象，比如你可以对客户说"产品数量已经不多""还有人打算订购"或是"优惠活动即将结束"等，给客户营造一种紧迫感，从而使客户尽快做出成交决定。

另外，在销售工作中使用"小诱惑"也会帮助销售员尽快抓住客户的心。例如，你可以对客户说明购买产品后可以得到什么利益，尽量让客户明白买与不买的利弊是什么，说明早做决定和晚做决定的差别，从而引导其下决心购买。

一般客户都会在感受到压力时做出成交决定。如果在受到压力时客户仍然尚存犹豫，那么销售员也可刚柔并济，将压力和诱惑共同施加，如此，客户基本都会成交。

金牌销售经验谈

①大多数客户的“我要考虑一下”都是对销售员的委婉推辞。

②想要让犹豫不决的客户最终做出成交决定，销售员要尽量找出客户犹豫的原因，并主动加以解决，为客户建立坚定的购买信心，使其痛快地下决心购买。

5.巧用激将法

在销售过程中，销售员经常会遇到这样的情况：当客户对产品进行了充分了解，并确实对此产品有需求时，却仍然迟迟不愿做出成交决定。这样的情况让不少销售员都感到疑惑，他们不知道问题到底出在什么地方，也不知道如何才能打破客户顾虑。

俗话说得好，请将不如激将。激将法是一种说服人常用的技巧，使用激将法，往往能够使对方感情冲动，从而去做一件他平常不会做的事。

激将销售法是销售员和客户面对面交锋时需要用到的一种方法。激将法是利用客户的自尊心和逆反心理积极的一面，以“刺激”的方式，激起不服输情绪，将其潜能发挥出来，从而得到不同寻常的说服效果。

一天，原一平的业务顾问向他介绍了一个总经理，并给了他一张介绍函。原一平拿着介绍函来到了这位总经理家，可是接连去了几次总经理都不在家，每次出来开门的都是同一位老人。当他向老人询问“总经理什么时候在家”时，老人总是一脸冷漠地回答：“或早或晚，谁知道呢？”

就这样，原一平一共跑了70次总经理的家，每次去都扑空。原一平不甘心就此放弃，他暗下决心，一定要找到一个机会见一见这位神秘傲慢的总经理。

这时，他正与这位总经理家对面的一个商人谈业务。一次，他来到这位商人家做客，就问这位商人："请问住在对面的那位总经理长什么样？"

"你看，正在水沟边干活的那位不就是吗？"

原一平一看顿时火冒三丈，原来每次给他开门的那位老人就是总经理。他觉得自己受到了戏弄，决定跟这位老人理论一番。当他来到老人门前，老人还在院子里继续干活，根本没理他。原一平知道现在是比耐力的时候，谁沉得住气，谁就能赢得最后的胜利。他抽了两支烟，平静了许多，然后走上前去敲门，老人抬头一看："怎么又是你？"

"请问总经理在吗？"

"不在！"

原一平十分生气地说："您别再撒谎了，您就是总经理！我已经来了71次了！"

"我知道你是推销保险的！"老人也同样提高了嗓门。

原一平意识到自己已经无路可退了，只有用激将法试一试。他仔细地观察老人，从他的脸色可以看出他身体不好，如果投保也会被保险公司拒绝的。于是他面带不屑地说："我才不会向您这种一只脚踏进棺材的人推销保险呢！"

"好，如果我有资格参加保险呢？"老人被激怒了。

"您一定没资格投保。"

"您立刻带我去体检啊，小鬼头！要是我有资格投保的话，我看你的保险饭也就别再吃啦！"

"哼！单为您一人我不干。如果您全公司与全家人都投保的话，我就打赌。"

"行！全家就全家，你快去带医生来。"

"既然说定了，我立刻会安排。"争论到此告一段落。

数日后，原一平安排了所有人员的体检。结果，除了总经理因肺病不能投保外，其他人都变成了他的投保户。这一次的成交金额，打破了原一平自己所保持的最高记录，而且新记录的金额高达旧记录金额的5倍之多。这件事使他深刻地体会到，越是难缠的准客户，其潜在购买力越强。

在销售过程中，适时地运用激将法可以使你轻而易举地将客户说服，这个案例就是一个运用激将法的典型案例。

同时，激将法也是化解客户拒绝最有效的方法之一。但是在应用激将法时，销售员一定要先倾听，从客户的言谈中分析出他的性格，寻找客户的弱点，从而根据不同的交谈对象，采用不同的方法。只有巧言激将，才能收到满意的效果。

激将法虽然是行销谈判中常用的语言谋略，但它也是有局限性，值得销售员们注意：

（1）要把准客户的心理

在销售过程中，销售员要采用激将法，首先要把准客户的心理。只有客户具有较强的自尊心、虚荣心和好胜心，才可能有效地激将客户。否则，将很难起到激将的效果，甚至还有可能把一桩很有希望的生意逼进死胡同。

（2）使用激将法要看准对象，激将法并不适用于任何人

一般说来，它多适用于哪些谈判经验不太丰富，且容易感情用事的人身上。至于那些办事稳重、富于理智的经验老成者，激将法就很难在他们的身上发挥作用。而对于那些做事谨小慎微、自卑感强、性格内向的人，也不适宜用激将法。因为富有刺激性的语言会被他们误认为是对他们的挖苦、嘲笑，并极可能导致怨恨心理。所以，使用激将法要看准对象。

（3）用激将法言辞要有讲究

并不是什么语言都可以激发起对方的情感的。锋芒太露、太刻薄，容易形成对抗心理；而语言无力，不痛不痒，则又难让对方的情感产生波动。因此，在使用激将法时，一定要注意言辞的“度”。既防止过，又避免不及。

（4）使用激将法要顾及态度因素

必须指出的是，“激将”一般用的是言辞，而不是“态度”，切不可为了激将而甩脸子、拍桌子，这不仅有损销售员员的风度，还可能让对方产生厌恶的心理。

激将法是人们比较了解、接触得比较多的常用计谋。因此，在使用激将法时也容易被对方看穿。在销售过程中，要用激将法促成订单，销售员一定要注意态度和表情自然。否则，就容易让客户看出来是在激他，从而产生逆反心理，最终导致无法成交。

金牌销售经验谈

①面对做事拖拖拉拉的人，激将法很有效果。有时候，说一些讥讽话，对于那些妄自尊大、傲慢固执的人也会起到一定作用。

②在使用激将法时，销售员要抓住最佳时机，措辞和语气都要有分寸，并根据不同的推销对象，采取不同的激将法，这样才能收到满意的效果。

③销售员在运用激将法时，要显得平静、自然，以免让客户看出你是在“激”他。

6.运用从众成交法，激发客户攀比心理

从众成交法，即销售员巧妙地对客户的从众心理加以利用，以促使客户立即购买产品。从众心理是人类社会固有的长期存在的社会心理现象。社会规范的要求，团体生活方式的压力以及人们普遍存在的相互攀比现象是激发客户成交的核心所在。在介绍产品时强调 ×× 也买了，×× 用的就是这个型号，利用客户的攀比心理可以迅速达到成交。

攀比心人皆有之。同学之间攀比成绩，朋友之间攀比面子，企业之间攀比效益，而且中国人是最爱讲面子的。所以，巧妙地利用客户的攀比心，是激发客户购买欲望的好方法之一。

一般情况下，销售员可以将用户资料归类，并装订成小册子，最好是按行业整理成册。这样到客户那里谈判时，有时只需要将这个用户资料的小册子给用户看，并送上一句话：老板，您看，您与他们一样，都有一双明亮的眼睛和一个智慧的头脑，他们这样选择了，我想您也一定不甘落后吧？

只要客户细心并认真地翻看你递给他的小册子，就一定会受到强烈的攀比心的刺激，并有所心动，接下来，便是如何洽谈签单的过程了。

小关是一位汽车销售员，他有自己的一套销售方法，就是在公司的销售记录中，搜寻一些有影响力的客户，把这些人和他买的车型一一记下来，并且每天都把这份名单随身携带着。

一天，一个多月前来过的那位贸易公司的刘总又来了。小关高兴极了，他清楚记得刘总中意的是一款尼桑车，之所以没买，是因为嫌价格太高。

刘总边环顾四周边说：“我上回看中的那辆尼桑，还停在那里，没有谁付下订金吧？”

“哦，那个车啊，客户来了都要看上几眼，好车嘛，但一般人哪买得起，这不，它正等着刘总您呢。”小关微笑着说道。

小关忙取来钥匙，打开车门，说：“刘总，这样好的车，您应该亲自驾驶一下，只有这样您才能感受到名车带给您的稳重和飘逸感。”

试了车，刘总对车更加满意，只是仍然觉得价格太高。

刘总说：“这车确实不错，你看价格上能否再优惠些，或者我是否有必要换一辆价位低一点儿的？”

小关知道，换车只是刘总讨价还价的潜台词。

小关马上接口道：“价格是高了一点儿，但物有所值，它确实不同一般，刘总您可是做大生意的人，开上它，多做成两笔生意，不就成了嘛。”

小关接着说：“哦，对了，刘总，××贸易公司的林总裁您认识吗？半年前他也在这儿买了一辆跟您一模一样的车，真是英雄所见略同呀。”

“哦，林总，他买的真是这种车？”刘总的眼睛一亮。

“是真的。林总挑的是黑色的，刘总您看要哪种颜色？”

“就这个红色吧，看上去很有活力。”刘总拍了拍车，就这样决定了。

每个人都或多或少有点攀比心理，特别是在购买行为中，不希望自己表现得比同等地位的人或低于自己的人太差。对于那些知道产品优势和利益，但以各种借口拖延的客户，销售员可以用对方熟知的人购买的事例来引起对方的兴趣，从而激起客户的购买决心。

一次，原一平把目标锁定在一个性格孤傲的客户身上。可是，他拜访了这个客户三次，客户总是对他不理不睬的。

这次，原一平沉不住气了，对客户说：“您真是个傻瓜！”

客户一听急了：“什么，你敢骂我？”

原一平立刻笑着对客户说：“别生气，我只是和你开个玩笑而已，千万别当真。只是，我觉得很奇怪，你比××先生更有钱，可是他的身价却比你高。因为他购买了100万元的人寿保险。”

这位客户被原一平的话给激醒了，很快就决定，购买200万元的人寿保险。

在推销过程中，这种方法很实用，可以激发客户的购买欲望。

“张老板，您附近的鸿发商店刚订了两箱货，已经是第二次拿货，时间没多久鸿发商店就卖完了。”

条件许可的话，能给客户看其他客户的订货单或送货单，则更能打动客户的心。

“不会吧？”张老板半信半疑。

"张老板，我骗您有什么好处呢。"销售员微笑看着张老板，"您看，这是鸿发的送货单，另外几张订单是其他商铺的，您的铺面比鸿发要大，如果早拿货，应该比鸿发商店的生意好很多。"

张老板有些动心，犹豫。

"这样吧，您是刚开始试销这产品，拿一箱先试试，好销了，再拿多几箱。"

"好吧，就先拿一箱……"

从众是个人受到外界人群行为的影响，而在自己的知觉、判断、认识上表现出符合公众舆论或多数人的行为方式，是社会认可作用的一个表现。而应用到销售中，它又是销售员影响潜在客户购买的一个诀窍，利用人们对榜样和名人的从众心理，往往可以起到事半功倍的作用。

使用这种方法时事件应该真实，数据必须准确，切忌凭空捏造，欺骗消费者。否则，不仅不会顺利促成交易，反而会影响企业形象，从而对企业整个销售工作产生不利影响。

金牌销售经验谈

①当销售员看到客户的表情不是很愉快时，要强化客户的信息，这时候销售人员应该技巧性地、适时地采用从众成交法。

②从众成交法可以减轻客户担心的风险，增强客户尤其是新客户的信心。

③销售员需要注意的是，从众成交法可能引起客户的反从众的心理，特别是那种个性较强的客户。

第七章 一句请教是最好的说服

销售员可以利用向客户请教问题的方法来引起客户的注意，有些人好为人师，总喜欢指导、教育别人，或显示自己。这时销售员可以找一些不懂的问题向客户请教，一般客户是不会拒绝虚心请教的销售员的。如："王总，在计算机方面您可是专家。这是我公司研制的新型电脑，在设计方面还存在什么问题吗，请您指导一下。"受到这番抬举，对方就会接过电脑资料信手翻翻，一旦被电脑先进的技术性能所吸引，推销便大功告成。

真心地向客户请教，是使客户感觉备受尊重的最好方法，也是最好的说服。

1.满足客户的自尊心和虚荣心

孔子说："人之患，在好为人师。""好为人师"，是人性的一个弱点，其实质是人类天性中最高贵的自尊心。每个人都希望能得到他人的尊重和敬仰，无论他是伟人还是平民，是老人还是稚子。法国大作家罗曼·罗兰说："自尊心是人类心灵的伟大杠杆。"只要你能满足对方的自尊心，你也就掌握了对方。

销售人员在销售过程中，应该注意把握人们这一普遍心理，适时运用请教促成法来拉近和客户的关系。所谓请教促成法就是把客户尊为老师，真心请教，认真听取客户建议并采取积极回应的态度，通过这样的方式来博取客户的欢心，促进销售的进行。

营销经理王先生以前担任销售员时，有一次推销的对象是一家地点及环境良好，且店面外观非常气派的糕饼店。

当王先生走进店内时，店主正忙于糕饼的包装。店主除了偶尔翻白眼瞄一下四周外，看也不看王先生一眼。不久一位好像老板娘的人走了出来，王先生立刻向她打招呼，并说明来意，但她也只是冷漠地看了王先生一下，便低头默默地做她的工作。王先生在该店内足足站了20分钟，仍无法与他们进行任何交谈，不得已只好放弃推销的念头。

10天后，王先生再度访问该店时，店主似乎完全忘了上回访问的事。这次王先生改变策略，先请正在做糕饼的店主包装好10块糕饼。王先生付了钱后，拿出两块糕饼当场食用，同时开始了推销活动。

"老板，你的糕饼很爽口，真好吃，跟别的店卖的就是不一样！这是你亲手做的吗？你是用铁锅还是机器烧的啊？好像用的是砂糖吧？”

听了王先生这些话，店主便开始说：“不错！你怎么会知道呢？这种饼好吃与否完全在于它的馅料，我们店里人不使用劣质的糖做馅。你一定吃得出饼的外皮也很好吃吧？这都是我亲自烤的，不像别家店用机器烤的，那样会使糕饼淡而无味。我认为做生意不完全是为了赚钱，如果为了赚钱用料不足，不但会因客户的批评而无颜面，也对不起自己的良心，啊，我想起来了，你上次来过，你是做什么的呢？”

“哦，怪不得做得这样好！我今天来是想买些饼，因为我的客户很喜欢吃你的饼，所以我想买些送给他们。”

“我看你肯定是有什么事。这样吧，晚上你再来一趟好了，有什么生意的话，到时候再谈。”

有些客户对销售员反应冷淡，不轻易说出自己的想法，令人难以揣摩。但就算是这种客户，销售员也能用沟通的手段拉近自己和客户的心理距离。在我们身边，很多人都会不自觉地充当人师的角色，如果好好利用请教促成法，说不定每一个人都是我们成功推销的对象。

请教促成法满足了客户好为人师的心理需求，使客户萌发成就感，从而心情也十分舒畅。再者，人们或多或少都有虚荣心，客户通常是非常愿意别人请教他的，这也是一种虚荣心的表现。例如：“我在××杂志上看到您发表了很多关于时间管理的文章，您写得真是太好了！我一直在关注这个领域，现在遇到一些问题，想要向您请教。”有些人的虚荣心表现在孩子的学业上，有些人会以自己的事业为傲，无论如何，先满足对方的虚荣心，这样，不知不觉就把东西卖出去了。

请教促成法体现了敬重客户、满足客户自尊心和虚荣心为原则的推销思想，在实际应用中的效果较好。至于要请教什么问题好呢？请教可以是推销经营方面的问题，也可以是人品修养、个人情趣等方面的问题。以一般商店老板为例，商品的优劣、市场现状、促销方法等，都是请教的好题目。这样，既可以增进生意方面的知识，扩大知识储量，以备应对将来类似的客户，又可以加深与这位客户的关系，真是一举多得。

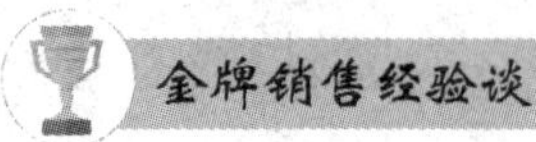
金牌销售经验谈

去请教客户，意味着你将对方放在了一个较高的位置，在一定程度上满足了他们的自尊感与自我满足感。

2. 巧妙利用请教促成法

“好为人师”既是一个人的弱点也是一个人的优势所在，这是相对而言的。其实任何事情都是这样：在一方是弱点，在另一方就是优势；在一方是优势，在另一方就是弱点所在。所以抓住了作为人的这一通性，我们就可以出其不意地取得战胜方的优势地位了。

作为销售员，我们也容易在客户面前犯下好为人师的错误。因为每个人都是自己的主宰，你说得越多，就似乎显得对方知晓得越少，以至让别人误解：认为你把他当无知者来看，即使你并没有这样的想法，而只是纯粹地想让他更好地了解产品。但是你不得不承认人性的复杂，有时候说者无意，听者有心。

我们看到，有些销售员在对方不肯接受他们的产品时，常常说：“这你就不懂了，让我来讲给你听，是这么一回事……”接下来，便滔滔不绝地演说一番。对方能接受你的劝说吗？绝大多数情况是不会的，哪怕他也知道你说的确有道理也很难接受。因为他的自尊心受到了伤害。你是在扮演老师的角色。如果你把角色来一番换位，情况就正好相反了。他的虚荣心得到了满足，自然会接受你的推销。

迈特是一位汽车销售员，他对各种汽车的性能和特点了如指掌。本来，这对他做销售是极有好处的，但他喜欢对客户进行说教。每当客户挑剔时，他总要理直气壮地与他们“舌战”一番，而且常常把客户驳得哑口无言才“鸣金收兵”。事后，他还得意地告诉朋友说：“我今天教给这些无知的家伙很多知识。”

后来，经理批评他：“在论战中你越胜利，作为销售员你就越失职，因为你会得罪客户，结果什么也卖不出去。”后来，迈特又参加了销售的培训课程，懂得了说教不是说服的道理。

有一次，他去推销怀特牌汽车，一位客户傲慢地说：“什么，怀特？我喜欢的可是胡雪牌汽车。你送我怀特我都不要！”

迈特听了，微微一笑：“你说得不错，胡雪牌汽车确实好，该厂设备精良，技术也很棒。既然你是位行家，那咱们也来讨论讨论怀特牌汽车怎么样？希望先生能多多指教。”

于是，两个人开始了海阔天空的讨论。迈特借此机会大力宣扬了一番怀特牌汽车的优点，最终做成了生意。

这样，我们就利用请教促成法成功地处理了客户和销售员意见不一致的情况。当客户就某些问题对销售员咄咄逼近时，销售人员如果坚持己见，那么最后只能与客户不欢而散，结果不仅是这次交易没有达成，而且此前花费大量时间和精力建立的客户关系也会遭到一定程度的损害。

所以，为了让良好的客户关系持续发展，为了实现企业的长期利益，销售人员可以在一些无伤大局的问题上做出适当让步，并诚恳地向对方寻求建议。这样一方面可以缓和紧张的关系，另一方面通过请教对方可以另外寻求一种更适合双方沟通的方式。

有时候，我们也可以借此方法杀杀客户的气势。这主要用来对付那些很有见解又气势逼人的客户。这类客户的谈判技巧简直一流，一般的销售员若是没有充分的准备，三言两语就会被对方驳得哑口无言。遇到这样的情况，销售员若是反过来向对方请教，不失为一个很好的销售方法。

金牌销售经验谈

①适当的时候，销售员可以分点展示自我的空间给客户，让他们在舞台上尽情地展现自我。当他们的表现欲实现了之后，你推销的机会也就来了。

②不要轻易打断客户的谈话，这是对别人的尊重。让客户继续谈下去，客户谈得越多，说明他们越有兴致，对销售成交越有利。

3. 以请教接近法接近客户

请教接近法是指销售员虚心向客户讨教问题，利用这个机会，以达到接近客户的一种方法。在实际推销工作中，多数客户都有一些“自以为是”的心态，销售员若能登门求教，自然会受欢迎。如：“赵工程师，您是电子方面的专家，您看看我厂研制投产的这类电子设备在哪些方面优于同类老产品？”“我是这方面的新手，我想知道你是否能够帮助我？”“我的同事说我们公司的产品是同类中最好的，请问你是怎么看的？”

安塞尔是铁管和暖气材料的推销商，多年来，他一直想和一位铁管包销商做生意。但是每次安塞尔出现在他办公室门前时，他都会吼叫：“不要浪费我的时间，我今天什么也不要，走开！”

不得已，安塞尔只好试用另一种方式。当时安塞尔的公司正计划在某地开一新公司，而那位铁管包销商对那个地方特别熟悉，在那地方做了很多生意。安塞尔又一次去拜访那位包销商，他说：“先生，我今天不是来推销东西，是来请您帮忙的。不知您有没有时间和我谈一谈？”

“嗯……好吧，什么事？快点说。”

“我们公司想在××地方开一家新公司，而您对那地方特别熟悉，就跟在那儿住过似的。因此，我来请教您对那儿的看法，是好还是不好？”

闻听此言，那包销商的态度与以前判若两人，他拉过一把椅子给安塞尔，请他坐下。在接下来的一个多小时里，他向安塞尔详细地介绍了××地区的特点和优点……最后扩展到私人方面，变得特别友善，并把自己家中的困难也向安塞尔诉说了一遍。

安塞尔后来说，那天晚上当他离开时，不但口袋里装了一大笔初步的装备订单，而且还与那位包销商约好一块去打高尔夫。之所以发生这么大的变化，都是安塞尔请包销商帮一个小忙，而使包销商感觉自己像一个重要人物。

在与客户说话时，如果你主动以一种请教式的语态和对方说话，如：“我想知道……”“请您给我指点……”这种方式往往能满足对方的自尊心，也更容易得到对方的信任，尤其是在就对方一些极擅长的问题请教时更是如此。

格林先生是一家杂货店的老板，他非常顽固保守，非常讨厌别人向他推销。这次，香皂销售员彼得来到店铺前，还未开口，他就大声喝道：“你来干什么？”

但这位销售员并未被吓倒，而是满脸笑容地说：“先生，您猜我今天是来干什么的？”

杂货店老板毫不客气地回敬他：“你不说我也知道，还不是向我推销你们那些破玩意儿的！”

彼得听后不仅没有生气，反而哈哈大笑起来，他微笑地说道：“我今天可不是向您推销的，而是求您向我推销的啊。”

杂货店老板愣住了，“你要我向你推销什么？”

彼得颇为认真地回答 :“我听说您是这一地区最会做生意的，香皂的销量最大，我今天是来讨教一下您的销售方法？”

杂货店老板活了一辈子，其中大半生的时间都是在这间小杂货店中度过的，还从来没有人登门向他请教过，今天看到眼前这位年轻的销售员对他如此崇敬有加，心中不免得意万分。

于是，杂货店的老板便兴致勃勃地向彼得大谈其生意经，谈他的杂货店，从他小的时候跟随父亲做生意，谈到后来自己接过这间小店，最后一直说到现在 :“人都已经老了，但我仍然每天守着这个杂货店，舍不得离开它。在这里我可以每天都能见到那些老朋友、老客户，为他们提供服务，同他们一起聊聊天，我过得非常愉快。”

杂货店老板与销售员聊了整整一个下午，而且聊得非常开心，直到销售员起身告辞，刚到门口，杂货店老板突然想起什么来了，大声说 :“喂，请等一等，听说你们公司的香皂很受欢迎，给我订 30 箱。”

许多老年人都有“好为人师”的心理，销售员针对这种心理进行接近，就不会吃“闭门羹”。对那些个性较强，有一定学识、身份和地位的专家型顾客，这种方法更为奏效。

金牌销售经验谈

①每个人都喜欢以师者自居，所以当销售人员提出要请教问题时，客户通常不会拒绝，而会非常乐意讲解。

②谦虚诚恳，多听少说 ；赞美在前，请教在后，然后再推销产品。

4.请教客户，声东击西

以谦虚的姿态，向客户请教其比较擅长或引以为傲的问题，借此机会来激发客户兴趣进而转入洽谈，是一种技巧。由于请教问题避开了销售敏感话题，让客户不易产生戒备心理。

一般来说，客户不会拒绝一个虚心请教的销售员，而且销售员如果以客户比较擅长方面的问题进行请教，客户更是乐于解答，因为这是给客户一个很好的展示自己专长的机会，所以这种方法很容易拉近与客户的关系，下面的销售工作就是水到渠成的事。

长岛的一位汽车商人，利用赞美和请教的技巧，把一辆二手汽车成功地卖给一位苏格兰人。

那个苏格兰人想买一辆二手汽车，这位汽车商人带着他看过一辆又一辆车子，但他一会儿说这不合适，一会儿说那不好用，价格太高，使这笔生意一直没有做成。

这位商人思索了很长时间，决定停止向那位苏格兰人推销，而让他自动购买。几天之后，当有一位顾客希望把自己的旧车子换成一辆新车时，这位商人就有了新的办法。他知道，这辆旧车子对那位苏格兰人可能很有吸引力。于是，他打电话给苏格兰人，请他过来一下，帮个忙，提供一定建议。

那个苏格兰人来了之后，汽车商人说："你是个很精明的买主，你懂得车子的价值。能不能请你看看这部车子，试试它的性能，然后告诉我这辆车子应该出价多少才合算？"

苏格兰人的脸上泛起笑容，他的能力已受到赏识。他把车子开出去试了试，然后开回来。“如果你能以 3000 元买下这部车子，”他建议说，“那你就买对了。”

“如果我能以这个价钱把它买下，你是否愿意买它？”这位商人问道。3000 元，这是他的主意，他的估价。这笔生意立刻成交了。

真心地向客户请教，是使客户认为在你心目中他是个重要人物的最好办法。虚心请教客户，要注意选客户的长处或爱好方面请教，并且要做到不露痕迹，这会让客户觉得全身都舒坦，请教得好，请教到位，就能赢得客户的好感。

某大学准备建立一座现代化的电教大楼，一些厂家得知这一消息后，纷纷上门，希望该校负责设备的张教授购买他们的产品，有的一个劲儿地向张教授介绍他们厂的产品如何如何好；有的销售员还暗示，如购买他们厂的产品，可以从中得到一笔可观的回扣等等，而 A 厂的王主任，却采取了与众不同的方法。

他给张教授写了一封信，内容大致如下：尊敬的张教授，我们知道您是电化教学仪器设备的专家，今天写信打扰，是因有一件事希望您能帮点小忙，我们厂新近生产了一套电教方面的设备，在投入批量生产之前，我们想请您指导一下，看看哪些地方尚需改进。我们知道您的工作很忙，因此很乐意在您指定的任何时间，派车前往迎接。

接信后，张教授感到十分荣幸，感到了自己的重要价值。他立即给王主任回信：本周末愿意前往。

在王主任陪同下，张教授仔细观察、亲自操作了该厂的产品，并在一些小细节上提出一些改进意见。

回校三天后，厂里接到张教授的来信：“经研究决定，我们购买贵厂的电教产品……”

王主任成功地销售出了产品，并没有采取什么神秘的妙招，只是巧妙地利用了人类的天性，向对方请教，请他帮忙。美国一位著名的哲学家说："驱使人们行动的最重要的动机是做个重要人物的欲望。"王主任的做法给对方一种重要人物的感觉，从而满足了对方的自尊心。

人，尤其是成功的人都愿意凡事占据主动，而不愿被动地接受。所以有的人很喜欢开导别人。那么，作为一名销售员，面对这种人时不妨以一个学生的姿态去与其打交道，满足对方的"教导欲"，为产品销售另辟一条蹊径。

金牌销售经验谈

①尊客户为老师，向对方请教，请客户帮忙，这样对方就会心情舒畅，心中充满温暖和同情，对你抱有好感，从而不自觉地接受你的推销。

②当你直言诚意地请教之后，还要细心地倾听对方的言语。从他的言语中，你可以更好地了解他，甚而把他渐渐地往你的意图上不动声色地引导，最终让他自己做出衡量和决定。

5. 问一句"您是怎么开始您的事业的？"

弗兰克·贝特格是美国最成功、收入最高的保险推销员之一，被誉为"国际大师级的推销员领袖"。"您是怎么开始您的事业的？"这是弗兰克·贝特格问过无数次的一个问题。

贝特格说："通常人们会说：'说来话长了。'每当人们说起他们是如何开始的，又遇到了些什么困难，又是如何克服的，我总是感到很着迷，那些故事我觉得都很浪漫，但是对述说者来说，他们的感觉更浪漫。这样的人都愿意别人听听他所经历的一切，并想以此来鼓励你。如果你真的感兴趣，认为他们的经验对你有益，他们会告诉你所有的细节。”

有一次，弗兰克·贝特格的朋友给他开了张介绍函，介绍他去拜见一家建筑公司的总经理。那家公司被誉为在建筑业最有前途的公司之一，刚好有两三处重要的工程正在进行之中。

年轻的总经理艾伦瞄了一眼介绍信后说：“如果是关于保险的事，我可没兴趣，一个月前我投保了金额很大的保险。”言谈中带着不可更改的意思，贝特格感到此人非常固执。可他还是十分希望更多地了解此人。

“艾伦先生，你是如何开始投身于建筑界的？”贝特格向他提出了第一个问题。话匣子就这样被打开了，他们一聊竟聊了 3 小时与保险无关的事。后来，女秘书拿了几份文件请他签字，女秘书在离开时一言未发地上下打量了贝特格一番，而贝特格只是平静地看着艾伦先生。

“还有什么事吗？”艾伦问道。

“有两三个问题想请教您。”

在离开艾伦先生时，贝特格已透彻地了解了他的希望、努力和事业。在后来的一次面谈中，艾伦说道：“真搞不懂，我怎么会告诉你那么多有关自己的事，我向来没有向任何人说过这么多话，包括我太太。”

贝特格说：“感谢您对我的信任，我正在仔细考虑和研究你所告诉我的一切。”

两星期后，贝特格带着搞好的一份保险计划和两份相关的文件再度与艾伦先生见面，在场的还有他公司的副总及财务主任。当天刚好是圣诞节，下午 4 点左右，总经理、副总及财务主任 3 人各投保了 10 万、10 万、2.5 万美元的寿险。就这样，贝特格带着喜悦及圣诞老人的祝福，“满载而归”地离开了那家公司。

这还仅仅是开始，在后来的 10 年里，贝特格和他们之间的生意额达到了 75 万美元。

明知客户在拒绝，如果还直截了当地去推销，而不是寻找别的话题继续谈下去，恐怕 3 分钟内就会被踢出门了。而如果销售员请教客户毕生为之奋斗、弥足珍贵的事业，就是请教了他最感兴趣的问题。

有一个化妆品销售员，在他所分配的区域里遇到一位很怪异难缠的店老板。当销售员刚刚踏进店门，想推销自己产品的时候，这位老板就大声嚷道："你没有走错地方吧！我才不会买你们公司的产品。"

这位销售员于是盖上了手提箱，很虔诚地对老板说："您对化妆品一定很在行，对商品推销又富有经验。我是一个刚进入推销行业的新人，您能否教我一点什么秘诀？您是怎样才取得今天的成就的？能否请老前辈指教指教。"

老板的脸色渐渐转变，态度也温和了很多。"想当年，我开始做这一行的时候……"这个老板终于打开了话匣子，一口气讲了 15 分钟。在他讲解自己艰辛而辉煌的过去的时候，他越来越喜欢这个洗耳恭听、不断点头称是的年轻人，最后终于做出了购买化妆品的决定。这位怪异难缠的老板成了这位年轻销售员的长期客户。

销售员只不过是向店老板请教了一个问题，为什么会得到这么美满的结果呢？因为当请教客户"您是怎么开始您的事业的"，并认真倾听他们的成功故事，对方就会感受到你对他的尊敬甚至是崇拜，进而乐意和你交谈。

金牌销售经验谈

"您是怎么开始您的事业的？"这句话是有魔力的，当被客户中断对话时，销售员能够用这句具有魔力的话来改变糟糕的局面。

第八章

倾听，无言的说服

在如今竞争激烈的市场中，如果一个销售员拥有能言善辩、口若悬河、谈吐诙谐、幽默机智等“会说话”的能力，通常能收到事半功倍的效果，获得意想不到的成功。但是，一个销售员仅仅拥有能说会道的口才能力是不够的，要成为一个顶尖的销售员还要具备另一种能力，那就是倾听。

日本推销大师原一平说：“对推销而言，善听比善说更重要。”“有效的推销是自己只说三分之一的话，把三分之二的话留给对方去说，然后倾听。”

1.用倾听打开推销之门

倾听是一种礼貌，是一种尊敬讲话者的表现，是对讲话者的一种高度赞美，更是对讲话者最好的恭维。倾听能使对方喜欢你，信赖你。一个成功的销售员不仅要会说，还要会听。

每个人都希望获得别人的尊重，受到别人的重视。客户也希望在和销售员交谈时，销售员能够耐心地听自己说话。倾听是一种典型的攻心战略，一个不懂得倾听，而是滔滔不绝、夸大其词的销售员不仅无法得知有关客户的各种信息，还会引起客户的反感，导致推销最终失败。无论怎样，成功的销售员都应当切记，在客户兴高采烈地谈论的时候，你最好做一名忠实的听众。当你这么做的时候，你会发现客户已大大提升了对你的认同。

杰尔·厄卡夫是美国自然食品公司的推销冠军。这天，他像往常一样将芦荟精的功能、效用告诉客户，但女主人并没有表示出多大的兴趣。厄卡夫立刻闭上嘴巴，开动脑筋，并细心观察。

突然，他看到主人家的阳台上摆着一盆美丽的盆栽，便说："好漂亮的盆栽啊！平常真的很难见到。"

"没错，这是一种很罕见的品种，叫嘉德里亚，属于兰花的一种。它真的很美，美在那种优雅的风情。"女主人听到他对自己盆栽的赞美，来了兴致，"这个宝贝很昂贵的，一盆就要花 800 美金。"

"什么？800 美金？我的天哪！每天是不是都要给它浇水呢？"

"是的。每天都要很细心地养育它……"

于是，女主人开始向厄卡夫倾囊相授所有与兰花有关的学问，而他也聚精会神地听着。

最后，这位女主人一边打开钱包，一边说："就算我的先生也不会听我唠唠叨叨讲这么多，而你却愿意听我说了这么久，甚至还能够理解我的这番话，真的太谢谢你了。希望改天你再来听我谈兰花，好吗？"

随后，她爽快地从杰尔·厄卡夫手中接过了芦荟精。

一般情况下，只要有一个谈话的机会，大多数人都不太爱听别人谈话，而是喜欢别人听自己说话。还有一种常见的现象是，大多数人喜欢谈和自己有关的事，而不是和对方有关的事情。

可是很多销售员在推销产品时，70%的时间是自己在讲话或推销产品，客户只有30%的讲话时间。因此这样的销售员总是业绩平平。而那些顶尖的销售员，通过经验总结出了一条规律：如果你想成为优秀的销售员，就要将听和说的比例调整为2∶1，也就是：70%时间让客户说、你倾听，30%时间自己用来发问、赞美和鼓励他说。只有这样，你才能打开你的推销之门，成为顶级的销售员。

因此，几乎所有的推销大师和会说话的人都在提醒我们：倾听、倾听、倾听！

有时听比说还来得重要一些，倾听对销售至少有下面几个好处：

（1）倾听是对别人的一种尊重

当你聚精会神地听对方兴高采烈谈论的时候，客户会有一种被尊重的感觉，从而能够拉近双方的距离。

人们往往对自己的事更感兴趣，对自己的问题更关注，更喜欢自我表现。一旦有人专心倾听我们谈论我们自己时，就会感到自己被尊重。卡耐基曾说："专心听别人讲话的态度是我们所能给予别人的最大赞美。不管对朋友、亲人、上司、下属，倾听有同样的功效。倾听他人谈话好处之一是，别人将以热情和感激来回报你的真诚。"

（2）倾听能真实地了解客户，增加沟通的效力

销售员如果只顾自己一个劲儿地说产品如何如何的好，而不学会倾听的话，就无法了解客户。无法了解客户，则推销的效率就低，甚至令人讨厌。倾听使你了解对方对产品的反映以及购买产品的各种顾虑、障碍等。只有当你真实地了解客户，你的人际沟通才能有效率。

（3）倾听才能思考

在客户说话时，用心倾听，可以减弱客户的戒备心，使其说出心中真正的想法。同时，你也可以利用倾听的时间，想一些对策，从而高效率地解决问题。只有静下心来倾听，你才能从客户的言行举止中，冷静地去思考，了解并领悟客户所传达的信息。当你真正了解客户的想法时，你与客户之间的沟通才算真正开始。

总之，适时地让嘴巴休息，在倾听中思考，是解决问题的有效方法。

（4）可以了解客户的需求

客户的需求、客户的期望都是由“听”而获得的。如果不仔细倾听，遗漏客户无意中提供的重要信息，就很有可能错失许多解决问题的切入点。

面对面的销售时最令人泄气的问题，莫过于客户冷淡的反应与不屑的眼光，这对销售员的信心是一种十分严重的打击，许多客户在问答之中只会应付式地说几句客套话，这是因为担心说出他的需求后，会被销售员逮住机会而无法脱逃，所以客户会在与销售员应对时尽可能地采用能拖就拖、能敷衍就敷衍的策略来拖延。要去除这种困扰只有想办法让客户说，并且在询问的过程中，令他务必说出心中的想法及核心的问题，这样无论是对销售工作还是对解决投诉都有极大的帮助。此时，如果仔细倾听，就会洞悉客户内心的疑惑、想法、意见和要求，自然就能与客户进行顺畅的沟通。

有效倾听客户的言辞在实际沟通过程中可以让我们获得相关信息，从中创造和寻找成交时机。所以，倾听是一门需要不断修炼的艺术。

金牌销售经验谈

①越是善于倾听他人意见的人，推销成功的可能性就越大，因为聆听是褒奖对方谈话的一种方式。

②在适当的时候，让我们的嘴巴休息一下吧，多听听客户的话。当我们满足了对方被尊重的感觉时，我们也会因此而获益的。

③在与客户销售面谈时，在你滔滔不绝后有效地倾听，在倾听中思考，可以挖掘客户话语中透露出的真正需求，可迅速判断成交的可能性，从而对症下药，增加订单交易量。

2. 认真聆听客户的每一句话

有位哲学家曾说过："自然赋予我们人类一张嘴、两只耳朵，也就是让我们多听少说。"但是，许多人往往在营销中忘了"听"的艺术，这也是他们销售业绩无法提升的主要原因。倾听是迈向成功的第一步，认真聆听客户的每一句话，对销售员来说是最基本的要求，是一种有效的销售技巧。

当销售员认真地听对方说话，非常留意且欣赏他的谈话内容，这使对方感觉受到恭敬，所以话匣了一旦被打开往往一发不可收拾，这时候销售员就会在对方心目中留下一个好的印象。很自然地，推销也能水到渠成。

众所周知，汽车销售员乔·吉拉德被世人称为"世界上最伟大的销售员"，他是一个非常会说话的人，但他也有不认真倾听客户说话的教训。回忆往事时，他常念叨如下一则令他终生难忘的事：

有一次，乔·吉拉德花了近半个小时让一位客户下定决心买车，然后，吉拉德所需要做的只不过是让他走进自己的办公室，签下一纸合约。

当他们向乔·吉拉德的办公室走去时，那人开始向吉拉德提起他的儿子，因为他儿子考进一所医科大学了。他十分自豪地说："乔，我儿子要当医生了。"

“那太棒了。”吉拉德说。当他们继续往前走时，乔·吉拉德却看着公司其他正聚在一起嬉笑的销售员。

“乔，我的孩子很聪明吧，”他继续说，“在他还是婴儿时我就发现他相当聪明。”

“成绩非常不错吧？”吉拉德说，仍然望着别处。

“在他们班是最棒的。”那人又说。

“那他高中毕业后打算做什么？”吉拉德问道。

“我告诉过你的，乔，他要到大学学医。”

“那太好了。”吉拉德说。

突然地，那人看着他，意识到乔·吉拉德太忽视他所讲的话了。“嗯，乔，”他突然说了一句，“我该走了。”就这样他走了。

下班后，吉拉德回到家想想一整天的工作，分析他所做成的交易和他失去的交易，开始考虑白天客户离去的原因。

第二天上午，乔·吉拉德给那人的办公室打电话说：“我是乔·吉拉德，我希望您能来一趟，我想我有一辆好车可以卖给您。”

“哦，世界上最伟大的销售员先生，”他说，“我想让你知道的是我已经从别人那里买了车。”

“是吗？”吉拉德说。

“是的，我从那个欣赏、赞赏我的人那里买的。当我提起我对儿子吉米有多骄傲时，他是那么认真地听。”

随后他沉默了一会儿，又说：“乔，你并没有听我说话，对你来说我儿子吉米成不成为医生并不重要。好，现在让我告诉你，当别人跟你讲他的喜恶时，你得听着，而且必须全神贯注地听。”

吉拉德恍然大悟，这次生意失败的根本原因是自己没有认真倾听客户谈论自己最得意的儿子。他从此引以为戒，外出推销不仅带上自己的“嘴巴”，更带上自己的“耳朵”。

每个人都希望受到别人的重视，获得别人的尊重。当正在说话的客户提到一些问题和见解时，如果你只是毫无表情地保持缄默，或者自顾自地做其他事，对方就会十分难堪和不快，觉得是在“对牛弹琴”。

一位新来的销售小姐阿乔找到经理，说她这几天的销售一次也没做成功，但她对各种知识都做了精心准备，现场讲解也很流畅，自我感觉挺好，就是找不出错在哪里。所以，阿乔请经理待会暗地里观察她做销售的过程，帮她找出错误。经理爽快地答应了。

过了一会儿，来了一位儒雅的中年男士，阿乔笑着迎了上去，步子和神情自然大方。

这位客户有条不紊地提出了一些问题，阿乔都答得很好，并且也没有说错话，双方交谈得很顺利。但是，过了约半个小时，客户的脸上明显有了愠色，难道他对美丽自信的阿乔有什么不满吗?

聪明的经理在一旁早有所悟，他留意到在这半小时之中，阿乔一共看了 6 次表，几乎每次客户正在诉说自己的需求和看法时就要看一次。

正当客户面现愠色时，经理微笑着上前，道 :“先生您好，我是销售部经理，乔小姐今天家里碰到了点急事，心绪难安。请问我可以接替她的工作，为您效劳吗?”

“原来是这样。”客户的脸色马上缓和下来了。

接着，经理对客户重点关注的一款桑塔纳又作了些讲解、演示。与阿乔不同的是，他始终做到专心致志，目不转睛，认真倾听着客户的每一个询问，自己每讲句话，每演示个动作，都正对着客户，观察他的反应，用眼神征询他的意见。最终经理与客户签下了订单。

送走客户后，经理对阿乔说 :“我数了一下，你在半个小时一共看了 6 次手表。每次看的时候，客户都有些不悦，总要沉默一会儿。他一定在心里想 :‘她可能想把时间花在别的事情上，而不是听我说话。’后来他终于忍不住面露愠色。你要是真想了解时间，为什么不看墙上挂的大钟呢? 这样不至于做得这么无礼。不管怎样，千万别让客户以为你轻视他，不耐烦，想快点摆脱他。”

阿乔回答说："其实，我并不在乎时间，那只是我的一个坏习惯。你说的是，我不会再那样了。"从这以后，阿乔的销售业绩直线上升。

没有人希望被轻视，所以，销售员面对客户时，一定要专心致志，集中精神，做到眼里只有客户。如果你想让客户反感你，从心底里讨厌你，当他说话时你不专心致志地听，这一点就已经足够了。但你绝不会愿意这样的，所以，你必须用心去听。

有效的用心比方法更重要。当我们有好的态度并用心，客户一定会感动。许多人都以为自己推销的技巧和方法非常好，可是有效的用心确实比方法更重要。用心使客户感到的效果完全不一样，你所有的技巧、所有的方法绝对不会胜过你认真的态度。

在客户对你说话时，你必须凑上前去以表现出急于要听的样子，看着他的嘴唇，不要东张西望。甚至在你回答问题时，也需要表情自然，双目始终注视着他。这种眼神的对视接触是重要的，它表明，你在真诚地仔细听他讲述。

金牌销售经验谈

①销售人员的倾听并不是简单地听，而是要全神贯注耐心地倾听，这是进行销售的关键。

②就一般交谈内容而言，并非总是包含许多信息量。有时，一些普通的话题对你来说知道得已经够了，可对方却谈兴很浓。这时，出于对客户的尊重，你应该保持耐心，不能表现出厌烦的神色。

③对客户要有礼貌，要认真听他说，尽力做出反应，给予巧妙的而非敷衍、装腔作势的回答。

3.让客户充分表达

说话的魅力并不在于你说得多么流畅，滔滔不绝，而在于你说话的技巧和方式！最能推销产品的人并不一定是口若悬河的人，而是善于运用说话技巧的人。

在现实中，常见到一些销售员只顾夸夸其谈，不顾及客户的感受，虽然自我感觉良好，却不见销售业绩增长。为什么会出现这种情况？不愿听客户诉说，是其原因之一。销售员有时候应该反问一下自己："既然客户都有耐心倾听我对产品的介绍，我又为什么没有耐心倾听客户对需求的陈述呢？"将客户的陈述当作是一次市场调查也是相当不错的主意。

许多销售员在推销的过程中急于成交，几乎不给客户任何机会提问或者说话，自顾自地按着自己的意思试图说服对方购买，可惜的是他们却没有想到，因他们没有考虑到客户的内心感受而导致了最终的失败。

书店里，一对年轻夫妇想给孩子买一些百科类读物，销售员过来与他们交谈。

客户："这套百科全书有些什么特点？"

销售员："你看这套书的装帧是一流的，整套都是这种真皮套封烫金字的装帧，摆在您的书架上非常好看。"

客户："里面有些什么内容？"

销售员："本书内容编排按字母顺序，这样便于资料查找。每幅图片都很漂亮逼真，比如这幅，多美。"

客户："我看得出，不过我想知道的是……"

销售员："内容是吧？本书内容包罗万象，有了这套书您就如同有了一套地图集，而且还是附有详尽地形图的地图集。这对你们一定会有用处。"

客户："我是为孩子买的，让他从现在开始学习一些东西。"

销售员："哦，原来是这样。这个书很适合小孩的。它有带锁的玻璃门书箱，这样您的孩子就不会将它弄脏，小书箱是随书送的。我可以给您开单了吗？"（作势要将书打包，给客户开单出货）

客户："哦，我们……"

销售员："本周内有一次特别的优惠抽奖活动，现在买说不定能中奖。"

客户："不好意思，我们不需要了。"

销售员在推销时，最重要的是要知道客户想要什么。而客户的需求、客户的期望都是销售员通过"听"才能获得的。因此，让客户充分地表达，而自己多听，才能及时准确地把握客户的需求。如果销售员喋喋不休，就会令客户反感，被拒之门外。

还有一部分销售员认为，想让客户购买产品，靠的就是嘴皮子。他们在推销的过程中滔滔不绝地说着，客户好不容易插上一句话，就迫不及待地反驳或讲解，而事实上，善听比善辩更重要。

销售员小王去一家公司拜访客户。

小王："刘经理，我来之前，对你们公司进行过了解，发现你们自己维修设备的费用，比雇佣我们维修要花费的多得多呢，是这样吗？"

刘经理："是的，有这样的情况，我也认为不太合算。我承认你们的服务不错，但是在技术方面……"

小王："对不起，请允许我插一句……有一点我想说明一下。任何人都不是天才，而维修机器设备有时需要特殊的设备和材料……"

刘经理："是的，不过，你好像误解了我的意思，我想说的是……"

小王："其实我明白您的意思。但是就算你们公司员工绝顶聪明，也不能在没有专用设备的条件下，迅速修整好设备的。"

刘经理："但你还没有弄清我的意思，现在我们专门负责维修机器设备的员工是……"

小王："是这样的，刘经理，稍等一下，我再说一句话，如果您认为……"

刘经理："对不起，我还有些重要的事情要去做，今天就谈到这里吧。"

显然，这次谈话是非常失败的，销售人员三番五次、迫不及待地反驳客户的诉说是销售沟通中的一大禁忌。如果采用上述这种沟通方式，成交是根本没有希望的。

与客户沟通的过程，是一个双向的、互动的过程。客户并不是一直处于被动接受劝说和聆听介绍，他们也要表达自己的意见，也需要得到销售人员的认真倾听。

在对方娓娓诉说自己的想法时，即使你对他的观点颇不以为然，也应该抑制住自己心中的冲动，万万不能半途插嘴，打断对方的话。毕竟，此时此刻对方真正关心的并不是你的想法如何，而是一心一意将自己的想法毫无保留地宣泄出来。在这样的情况下，你最好的应对之道，当然是耐着性子，由衷地听他倾吐心中的一切。要想说服客户，就要让客户自己去说；大唱独角戏，只会把客户赶走。

金牌销售经验谈

①销售员应谨记多听少说的原则，切不可随心所欲，随意去抢客户的话头。

②没有一个客户会喜欢自作聪明的销售员。让客户充分表达自己的想法，即使他的意见不是新的或不符合实际的情况，也要听下去，之后才能发表自己的看法。

4.倾听可以化解客户的抱怨

客户抱怨的主要原因是产品问题和服务问题，正确对待抱怨的客户并采取有效策略如耐心倾听、诚恳交谈、迅速处理、总结分析、提高产品和服务质量等，可以化解客户抱怨并为公司和企业赢得更多客户。

对客户提出的抱怨处理不当，就有可能小事变大，甚至殃及企业的生存；处理得当，客户的不满则会变成美满，客户的忠诚度也会得到进一步提升。在客户抱怨时，销售服务人员首先要认真倾听，并认真对待客户提出的各种意见及抱怨，让客户觉得自己得到了重视，自己的意见得到了重视。

张先生在一家百货公司里买了一套西服，可是因为上衣褪色，把他的衬衫领子都染黑了。于是，张先生将这套衣服带回百货公司，找到卖给他西服的售货员，并说明了有关情况。可是话还没有说完，就被售货员打断了。

这位售货员反驳说："这种衣服我们已经卖出了好几千套，这还是第一次有人来挑毛病。"

而售货员说话的声调听起来比这套衣服更让人难以接受。他那充满火药味的声音好像在说："你说谎。你想找茬儿，是不是？我就不吃你这一套。"

两个人正在吵得不可开交的时候，另一个售货员又加入进来。"所有的黑色衣服起初都会褪颜色的，"他说，"那是很自然的事。这种价格的衣服，都会褪色的。那是染料的关系。"

张先生马上意识到：第一个售货员怀疑张先生的诚实，而第二个却暗示张先生买了一件劣质货。这时候，张先生再也不能忍受了，顿时火起。正要骂他们时，售货部的经理走了过来。

那位经理制止了争吵，要张先生说明缘由，他认真地听张先生从头至尾讲了一遍事情的经过，没有插一句话。当张先生说完的时候，那两个售货员又想说他们的意见，但是这位经理站在张先生的立场，与他们辩论。他不仅指出张先生的领子显然是被西服弄脏的，并且坚持说不能让客户满意的商品，他们商店就不应该出售。最后，他承认他不知道毛病的原因，并坦率地对张先生说："你希望我如何处理这套衣服？你说什么我们都可能照办。"

张先生几分钟以前还想着无论如何也要把这件衣服退给他们，但他现在却回答说："我只想听听你的意见。我想知道这种情况是否是暂时的，或者还有没有什么办法可以解决。"

听了张先生的话，那位经理建议张先生将这套衣服再穿一个星期试试。经理说："如果到那时候你仍不满意的话，我们一定会给你拿一套你满意的。给你添麻烦了，我们感到非常抱歉。"

张先生听了经理的话，满意地走出了这家商店。一星期后，这衣服再也没有什么毛病，张先生也完全恢复了对那家商店的信任。

其实，这位经理能够让已经暴跳如雷的客户很快平静下来，关键在于，他能够认真地倾听客户的不满。

在很多时候，客户的投诉并不是什么大问题，他们因为产品的问题表现出失望、泄气、发怒、烦恼等情绪，他们可能不看重问题解决的方法，而更在意公司或者销售员对他们投诉的态度，如果销售员能够抱着尊重他们的态度，认真倾听他们的抱怨，并适当做一些安慰和同情，很多问题就已解决了。

上面这位经理的确是掌握了推销艺术的精髓。他没有和客户争辩，而是以倾听和同情来化解客户内心的抱怨，赢得了客户的认可。他所展现出来的不失为一种高超的口才技巧——用倾听而不是辩解来赢得客户的心。

这就是倾听的力量！只要让客户说出他们心中的抱怨，对他们的感受表示同情，你就可以赢得他们的心。销售员应该学会倾听、安抚和平息客户怒火的技巧。

①以诚恳、专注的态度来听取客户对产品、服务的意见，听取他们的不满和牢骚。倾听客户不满的过程中要看着客户，使其感到自己对他们的意见非常重视，必要时销售人员还应在倾听时拿笔记下客户所说的重点。这些虽不能彻底安抚客户，却可以平息客户的怒火，防止事态进一步扩大。

国内某空调厂家在接受客户投诉时，两名接待人员在客户陈述事情时聊了几句“足球”，导致客户更加不满，认为厂家对消费者漠不关心，一怒之下将事情在媒体上曝光，使得厂家的产品再也无法打入该市场。这个案例给我们的教训就是：在倾听客户的投诉时，一定要以诚恳、专注的态度来听取客户的诉说。

②确认自己理解的事实是否与对方所说的一致，并站在对方的立场上替客户考虑，不可心存偏见。每个人有每个人的价值观和审美观，很可能对客户来讲非常重要的事情，而你却感到无所谓。因此在倾听过程中你的认识与对方的陈述可能会有偏差。这时一定要站在客户的立场上替客户考虑，同时将听到的内容简单地复述一遍，以确认自己能够把握客户的真实想法。

③倾听时不可有防范心理，不要认为客户吹毛求疵，鸡蛋里挑骨头。客户的诉说是有理由的，他不会平白无故也不会不着边际。绝大多数客户的不满都是因为我们工作失误造成的，即使部分客户无理取闹，我们也不可与之争执。

金牌销售经验谈

①耐心地倾听，也是平息别人怒气的一种好的方法，它常常能使争端出人意料地顺利解决。

②如果你想接近客户，让客户喜欢你，就请记住这项原则：学会倾听，做一个善于倾听客户抱怨的人。

5. 适时适度地保持沉默

通常情况下，人们会认为能说话、会说话是口才好的表现。殊不知，有时候不说话，保持沉默也是一种必需，甚至这时的不说话比说话的效果还要好。

美国大发明家爱迪生发明了自动发报机之后，他想卖掉这项发明以及制造技术然后建造一个实验室。因为不熟悉市场行情，不知道能卖多少钱，爱迪生便与夫人米娜商量。米娜也不知道这项技术究竟能值多少钱，她一咬牙，发狠心地说："要 2 万美元吧，你想想看，一个实验室建造下来，至少要 2 万美元。"

爱迪生笑着说："2 万美元，太多了吧？"

米娜见爱迪生一副犹豫不决的样子，说："我看能行，要不然，你卖时先套套商人的口气，让他先开价，再说。"

当时，爱迪生已经是一位小有名气的发明家了，美国一位商人，听说这件事情后愿意买爱迪生的自动发报机发明制造技术。在商谈时，这位商人问到价钱。因为爱迪生一直认为要 2 万美元太高了，不好意思开口，于是只好沉默不语。

这位商人几次追问，爱迪生始终不好意思说出口，正好他的爱人米娜上班没有回来，爱迪生甚至想等到米娜回来再说吧。最后商人终于耐不住了，说："那我先开个价吧，10 万美元，怎么样？"

这个价格非常出乎爱迪生的意料，爱迪生大喜过望，当场不假思索地和商人拍板成交。后来，爱迪生对他妻子米娜开玩笑说没想到晚说了一会儿就赚了8万美元。

事实上，在销售过程中，适时、适度地运用沉默策略，反而能收到意想不到的良好效果。正因为如此，许多销售高手经常会运用沉默策略来进行推销，一方面可以让自己有更多思考及喘息的时间，另一方面也可以制造一些假性的拒绝，让对方先说出底价，如此一来，自己的胜算将更多。

那么，如何运用沉默策略，让客户更容易下决心购买你的产品或服务呢？

（1）别打破客户的沉默，让客户有思考的时间

当你在向客户请求签订单之后，客户出现了一会儿沉默，这时你尽量不要开口说太多的话，相反，你要给客户足够的时间去思考和做决定，决不要贸然打断他们的思路。

如果客户需要考虑一下，那么就给他时间去思考，这总比他告诉你“我过会儿再来，我想考虑一下”要好得多。切记，当客户保持沉默时，就是他在思考是否购买的时候了。通常，经过短暂的沉默后，客户就会做出决定。

（2）让客户来打破沉默吧

在销售过程中，沉默通常令人感到压抑，所以销售员难免会产生打破沉默的念头。从心理上分析，首先打破沉默的人往往是首先让步的人。显然，优秀的销售员是不会让步的，所以他总是耐心等待，让客户成为第一个开口说话的人。

如果作为销售员的你先开口的话，你就有失去交易的危险。所以，在客户开口之前一定要保持沉默。虽然沉默有时几乎会使人发疯，但无论如何你都必须严格地约束自己，保持沉默。

（3）为了取得最佳的销售效果，你可以按照下面的程序去做

靠在你的椅子上，保持沉默；然后可以略微前倾，伸出一只手；直盯着客户的眼，在他准备开始说话前，他不会与你保持目光接触，相反，他也许会看桌子或文件；当你看着客户，等待他的回答时，保持一个轻松的、有信心的、友好的微笑；保持积极心态，一遍遍对自己说：来吧，买、买、买。别小看这个程序，你如果做到位了，交易的结果往往会令你喜出望外。

金牌销售经验谈

①恰当的沉默是必要的，而且是受客户欢迎的，因为这样能使客户感到放松，不至于因为有人催促而作草率的决定。

②沉默技巧是销售行业里广为人知的规则之一。作为一个销售员，要学会并善于保持沉默，在该沉默时就要保持沉默。

③记住，沉默的时间越长，成交的可能性越大，不要试图打破沉默。

6. 倾听也是有技巧的

大多数人一生中有 70% ～ 80% 的时间都在从事某种形式的沟通：写作、说话或倾听。我们很多人都曾经上过教人如何写作、阅读、说话的课程，这些课程可以在中学、大学学到。但在学校、企业环境中却找不到正式的训练倾听的课程，而倾听无疑是沟通过程中最重要的技巧。

为什么倾听如此重要呢？因为了解对方的问题所在与真正需求是销售成功的前提。你想要客户说出你想要知道的答案，只要做一个好的听众就可以了。而从客户角度而言，客户说得越多，他越喜欢你。因为你的倾听给他带来的不仅仅是礼貌，更是一种尊重。你的倾听让你的客户有了倾诉和发泄不满的渠道，你所要做的就是让客户感到安全和舒适，没有压力地说出他的痛与乐，他的苦恼，他最关注的问题，等等。那么，在倾听的过程中，销售员到底应该听什么呢？

（1）问题点

笔者曾经在培训中向业务人员提问："销售人员是做什么的？"有的人说是把产品卖给客户，有的说是为客户提供解决方案，还有的说是为顾客服务……不论什么答案，归根到底，销售之所以成功，是因为产品或服务可以帮助客户解决他的问题。在实际的销售对话中，问题会出现很多种，真假难辨，无法预料。而你的任务是听出真正的问题所在，而且是最核心、最令客户头疼的问题，客户自己是不会向你坦白的，这一点你应该清楚，所以要配合提问来引导。

（2）兴奋点

顾客的购买都出于两个出发点：逃离痛苦和追求快乐。问题点就是让客户感到痛苦的"痛点"，兴奋点就是让客户感觉快乐的理由。记得有本书的书名叫《痛并快乐着》，其实做销售也是这个道理，也是既让客户感觉痛苦，同时让客户感觉快乐的过程。典型的销售流程通常是先让客户思考他所面临问题的严重性，然后再展望解决问题后的快乐感与满足感，而销售的产品正是解决难题、收获快乐的最佳载体与方案。听兴奋点，关键是听容易让客户感到敏感的条件和情绪性字眼，同时还要注意每个特定阶段的肢体语言配合。

①敏感条件。价格、优惠、折扣、送货、保障、维修、售后服务、各种形式的购买承诺等。

②情绪性字眼。当客户感觉到痛苦或兴奋时，通常在对话中要通过一些字、词表现出来，如"太好了""真棒""怎么可能""非常不满意"等等，这些字眼都表现了客户的潜意识导向，表明了他们的深层看法，我们在倾听时要格外注意。一般而言，在成交的那一刻，客户做决定总是感性的。所以每当客户在对话中流露出有利于购买成交的信号时，要抓住机会，及时促成。

倾听作为一门学问，销售人员不仅要知道要去听什么，更重要的是要知道怎样去倾听。倾听不仅仅只是听的问题，是需要运用多重感官的综合行为。不仅耳朵要听，同时眼睛要观察，手也要动笔记录。并且要利用过渡语（如“是吗？还有呢？”等等）、点头、微笑、眼神控制、沉默与停顿等，表现出你对客户的关注。倾听的技巧概括起来有如下几点：

技巧一：充满耐心。销售人员应充满耐心地倾听，避免打断客户的话语。打断客户的话语，就会意味着销售人员对客户观点的轻视，或表明没有耐心听完客户的意见。只有当需要澄清某个问题时，销售人员才可以通过“请原谅”之类的开头语提出异议。

技巧二：善用停顿的技巧。销售人员可以停顿一下再回答客户的问题。通过停顿，销售人员可以把握交谈的进展，表明思考的过程，给客户一种成熟、有能力的良好印象。另外，通过停顿，营销人员还可能会得到更多的潜在客户的信息。

技巧三：运用插入语。运用插入语，如“是的”“我明白”一类的词语让客户知道，他的讲话得到销售人员的专心倾听及重视。在与客户交谈中，运用插入语，不仅使得客户感觉自己真正受到尊重，而且还说明销售人员对客户的看法进行了及时的反馈，这样才能切实更好地进行交流。

技巧四：不要臆测客户的谈话。和谐的谈话总是建立在彼此真诚的基础上，因此不要随心所欲地臆测客户的谈话，而是要做到假设对方说的话都是真的，以坦率的心态展开对话，让客户敞开心灵，才能真正赢得客户的信赖。

技巧五：听其词，会其意。听其词，会其意。销售人员要努力理解客户谈话的内涵，仅听客户说话并不能充分说明与客户已经很好地沟通，更重要的是要听懂客户的话。常常没有说出来的部分比说出的部分更重要，因此要将注意力集中在语气、语调和言语的内涵上，而不是集中在孤立的语句上。

技巧六：不要匆忙地下结论。销售人员应切记：不要匆忙地下结论，尽量不要在客户结束谈话之前就下任何结论，只有完整地听完客户所讲的话之后，才能有效地得出比较客观、合乎实际的结论。

技巧七：提问。销售人员要向客户及时地进行提问。提问可以表明你是在认真思考客户谈话的内容，从而让他有受到重视的感觉，并能引导客户说出自己的想法和相关信息，能更好地增进客户对产品的认识。同时，提问还可以让销售员对客户提供的一些信息进行准确核实，并及时进行记录。

销售人员掌握了以上七种倾听的技巧后，不仅仅会卓有成效地大大提高“听”的技巧，而且会从耐心地倾听客户的谈话中得到更多真正有用的信息，会“听”得更好。

金牌销售经验谈

①如果销售员听不出客户的意图，听不出客户的期望，其推销就没有目标。

②聆听客户讲话，必须用你所有的感官来倾听，做到耳到、眼到、心到，同时还要辅之以一定的行为和态度。

③倾听别只听一半，要了解完整的内容。

第九章

处理客户异议时的说服技巧

任何销售活动，都会遇到客户的不同意见，甚至是反对意见，我们把客户的这种意见称为异议。无疑，客户的异议是推销过程的障碍，但这也是客户的权利。你若想成功地销售你的产品，就必须做好应对和消除客户异议的准备。

当你遇到客户异议时，要学会冷静面对，逐渐减轻压力，学会随机应变，化险为夷。但客户异议各不相同，销售员只有掌握良好的语言技巧，认清客户需求，巧妙化解客户异议，才能达到成交的目的。

1.没有异议就没有销售

对待客户的异议，不同的销售员有不同的态度：有人欢迎，有人害怕，有人拒绝。正确的认识应该是：没有异议就没有销售。

拒绝是销售过程中不可缺少的一个部分，拒绝就是异议。在销售中，只要涉及双方的态度和看法的交流，异议就会产生，一般表现在对销售介绍和销售示范而提出的质疑、否定或不同意见与不同看法。

小何是一名地板砖销售员。一天，他登门拜访一个客户。

得知他的来意后，客户说："谢谢，我还没打算买地板砖，如果需要我会打电话给你的。"

小何："您的房子马上就要进行装修，反正要买地板砖。我带来了样品，不妨先看看再说。"

客户看了样品后说："还不错，就是价格贵了点。"

小何："能不能冒昧问一下，您的房子是自己住还是出租，或其他用途？"

客户："当然是自己住。"

小何："既然这样，别说我们的地板砖没有便宜货，即使有，您也不能用啊！相反，用我们的地板砖，却能省钱！"

客户半信半疑："真的吗？"

小何："我算过了，根据您房子的面积，用普通地板砖铺要600元左右，用我们的地板砖要1000元左右，上下相差400元。但是，用普通地板砖使用不到两年，就会产生裂痕，表面还会有'暴皮'现象，看起来很难看。

那时，您不得不二次返工，重换质量好的地板砖，即使不算人工费用和给生活造成的损失，您还要再花1000多元买新的地板砖。与其这样浪费人力物力，不如一次搞定，保证十年之内不会出现质量问题。”

客户仔细想了想，决定仔细和他商谈，最终客户购买了小何的地板砖。

在上面案例中，客户对销售员陈述的几处回答都是异议的语言体现。他先是不打算买，否定需求，然后又说价格有点贵，质疑价格，接着问“真的吗”进一步怀疑。

销售员要明确，客户异议将伴随整个销售陈述过程，是客户对产品的一种抵触情绪，也是销售员不可规避的一个环节。

在很多时候，客户异议不是简单的抱怨、挑剔，而是蕴含着丰富的内容。销售员要解决客户的异议，首先要搞清楚异议的内涵。

（1）客户异议是对销售行为的必然反应

销售员带着产品登门拜访，客户开门后露出笑脸说：“太好了，这正是我所需要的东西，多少钱，我买了。”每个销售员都希望自己遇到这样的客户，但事实上客户的反应会是：“我不需要买什么，请不要浪费我的时间。”

要是客户都像那些销售员所想，微笑迎接，当即掏腰包成交，那还需要职业推销员吗？推销员从举手敲门、客户出来开门，与客户的应对进退，一直到成交、离开，每一步都是荆棘丛生，没有平坦大道可走。

销售的过程本就是一个从异议到同意的过程，每一次交易都是一次“同意”的达成，而合作必然会带来新的问题和额外的要求，这就是异议，这就需要不断沟通，从而使最终的交易成功。

面对客户的异议，销售员既没有必要贬低，也不要夸大。如果贬低，潜在客户就可能认为你对来自他的不同看法并不重视，他会感觉受到了销售员的伤害，而产生其他更为麻烦的问题。如果夸大，你是在给自己找麻烦，是在自己吓自己。所以要正确看待销售中出现的每一个异议，这样才能更接近客户的想法。理解客户，尽可能获得更多的信息，只有这样，才有可能最终达成交易。

（2）客户异议既是成交障碍，也是成交信号

客户总会对产品挑三拣四，或是拿出各种各样的问题让销售员为难，“不，我很讨厌这种款式”“你们的价格太贵了，我无法接受”“看看你们的产品，没有任何效果可言”，面对这些棘手的问题，销售员会觉得客户购买的希望很小，要想成交困难重重。其实不然。

当客户一味赞美产品是如何好时，很可能他心里根本就不想买；相反，客户挑三拣四满嘴抱怨，恰恰表示他在认真衡量产品优缺点，至少有购买打算。嫌货人才是买货人，这点，销售员务必明确。

（3）客户异议是销售员信息的源泉

客户对销售员说产品价格太高、样子太旧、功能不全等等，从售出产品的角度看，是客户在挑剔产品，但从销售员和企业生产者的角度看，却提供了产品改革的方向。

换句话说，客户异议直接向销售者提供了有价值的信息。销售员知道了客户的需求，进而能够优化自己的产品结构。销售员若将这些信息反馈给生产者，还能促进产品优化发展。

金牌销售经验谈

①销售是从客户的拒绝开始的。

②虽然客户异议总是带来烦恼，但它也是销售人员从客户身上获取更多信息，影响客户产生购买意向的机会。

2. 正确认识来自客户的异议

同一种产品，在不同的时间、地点，面对不同的客户，会产生不同的异议。为了能够有针对性地处理客户的异议，对异议作分类是很有必要的。销售员处理异议之前，首先要识别异议，例如，是哪一类别的异议，是真异议还是假异议，等等。

销售员在向客户介绍产品时，客户最关注的是质量、价格、服务等几个方面，由此产生的客户异议大致也跑不出这个范围，以下是常见的七种客户异议：

（1）需求异议

需求异议是指客户认为产品不符合自身需要而提出的反对意见。

销售员："先生，看看我们的新式剃须刀吧。"

客户："我不需要。"

产生需求异议的原因有二：

其一：客户真的不需要，可能他已经有了。

其二：客户需要，只是没决定购买。比如款式太旧，客户不喜欢。

对于第二种情况，销售员要深层挖掘，找出客户拒绝产品的原因，然后予以解决。

（2）价格异议

价格异议指客户认为价格过高或价格与产品价值不符提出的反对意见。在销售过程中，这是最常见的客户异议。

讨价还价是购买习惯，客户总想用更低的价格购得产品，哪怕价格本身已经很低。所以，销售员可以用产品质量、款式等打消这种价格异议。

（3）产品异议

产品异议是客户针对产品的质量、性能、规格、品种、花色、包装等方面提出的反对意见，也叫“质量异议”。

销售员：“这种品牌的剃须刀有50年历史了，可以说驰名中外。”

客户：“可是设计一点也不人性化，拿在手上不舒服嘛。”

产品异议是众多异议中较难攻克的一种，客户一旦对产品本身提出质疑，无论价格、服务有多好，销售员也很难说服客户购买。

（4）购买时间异议

购买时间异议是客户认为现在不是最佳购买时间或对销售人员提出的交货时间表示反对。

销售员：“胡须可不会等您买了剃须刀后才长，想想，现在买回家晚上就可以用了。”

客户：“那我明天买好了。”

客户说“过几天再买”或“下次再买”之类，多数是借口，真正原因可能是价格高、不满意产品质量等等，在这种情况下，销售员要“穷追猛打”，客户说明天买，就确定明天什么时候买，用这种方式可以有效找出客户未表达出的原因。

如果时间异议是由于企业供货不能及时，那销售员就要诚恳解释原因，以获得客户谅解。

（5）销售员异议

销售员异议是指客户对销售人员的行为提出的反对意见，这种意见是由销售员自己造成的。

客户："不，还是算了吧。"

销售员："这样的剃须刀都不买，还想买什么样的，我看你纯属瞎溜达！"

试问，这般态度，客户不投诉就不错了，哪里还会掏钱买货。

导致销售员异议产生的情况：

①销售员表现得不耐烦，包括语言、行为、眼神等各方面。

②销售员不注意销售礼仪，例如穿脏衣服拜访客户，同客户谈话时口腔有异味等。

③销售员工作不专注，三心二意。例如一边同客户交谈一边频繁做小动作。

④销售员为了说服客户，在产品介绍中运用不实的说辞欺骗客户，结果造成客户的不满。

⑤销售员在进行产品说明时，若使用过多或过深的专业术语，客户听不明白，会让客户产生无法胜任的感觉，对于一件不明白的产品，直接的反应不是去弄明白而是放弃。

⑥说得太多或者是说得太少，无法真正把握客户所关心的重点，这样会造成客户的不满。

⑦销售员处处说赢客户，让客户感觉不愉快，进而提出很多主观异议。

（6）服务异议

服务异议指客户针对购买前后一系列服务的具体方式、内容、时间等方面提出的反对意见。

销售员："不好意思，机器出现故障，裤脚没办法给您改了。"

客户："怎么这样，我试了半天白忙活了！"

销售员在处理此类异议时，要提高服务水平，尽量同客户进行协商，最好能采取一些补救措施，例如，给客户增加一些小赠品或作价格让步等。

（7）支付能力异议

支付能力异议指客户由于无钱购买而提出的反对意见，不过，这种异议很少直接表现，往往转换为其他异议。

相反，客户如果直接表示自己没钱时，却很可能是在掩饰需求或价格方面的异议。

销售员："300元钱买个名牌剃须刀，已经很便宜了。"

客户："我也觉得不贵，但是我现在没钱呀！"（可能还是觉得贵）

对于真的没有支付能力的客户，销售员也要真诚对待，给客户留下好印象，也留下合作的希望；对于假装不具备支付能力的客户，要想方设法找到真正原因，然后予以攻克。

在以上这些不同的异议中，有的是真异议，有的是假异议。客户提出的异议不仅原因多种多样，而且有真有假。有些客户的确是针对产品不足的理性分析，提出了真正意义上的异议，而有些客户则在异议中隐藏一些小伎俩，与销售员在一些无关紧要的小事上周旋。这就要求销售员具备良好的洞察力，能够正确地辨别客户异议的真假。

真异议，是指客户不愿意购买产品的真实原因。假异议，是指客户对销售人员所介绍的产品有需求，但不把真正的异议提出来，而是以其他理由掩盖其真实想法，目的是要借此假象达成隐藏异议解决的有利条件。

对于销售员来说，真异议比较容易解决，客户认为价格高，那就进行价格协商；客户觉得产品款式不好，那就推荐其他款式。销售员见招拆招，就容易排除障碍。

假异议相对就困难一些，销售员必须识破假的，找出真的，对症下药，这样才有可能说服客户购买。这样，辨别真假异议就成了一个亟待解决的问题。

辨别真假异议的最好途径就是当你提供肯定的答案后，留心观察客户的各种反应。最直接的方式是使用假设性问句，其标准句式为："……是这样啊。那请问，如果我能够圆满解决您提出的问题，您会考虑购买吗？”

客户：“360元，挺贵的呀。”（提出价格异议，但不知是真是假）

销售员：“觉得价格贵啊，那如果我能给您一个折扣，您买吗？”（提供肯定答案辨真假）

客户：“问题也不全在价格上，你看款式这么老土，拿在手上一点儿也不舒服。”（价格异议为假，产品异议是真）

销售员：“没关系，我们还有其他款式的，您看这个怎么样？”（积极解决真异议）

客户：“不错，这个我喜欢……”（一个假异议消除）

另外，一般来说，如果客户对你的提问无动于衷，那肯定是假异议，还有其他原因让他担心或害怕。这时，你可以继续问些问题，也可以大胆地向他们说：“先生，我想你帮我个忙？”大多数人会说：“好吧，你说说看。”或“我能帮你点什么？”你可以接着问：“我想你能否告诉我，到底是什么让你说要考虑考虑呢？”他们可能会说：“嗯！说实话……”这时，你一定要仔细聆听客户的真心异议了。

善于从细节中体察真相，并能通过沟通验证客户异议的真伪，销售员就能清楚地了解客户的异议是真是假。弄清了客户提出异议的真正原因，销售工作就更容易开展了。

金牌销售经验谈

①在销售实践中，只要还有一个异议未被消除，交易就难以达成。

②只有明晰了客户提出异议的真正原因，销售员才能对症下药，进一步采取正确的销售手段。

③在辨别客户真假异议时，一定要注意交谈气氛的把握，切不可咄咄逼人，让客户陷入窘境。

3. 有些异议不必当真

如果不是客户本身对产品很有兴趣的话，销售员遭受客户的拒绝是很正常的。在销售过程中，销售员碰到客户拒绝的可能性远远大于销售成功的可能性。

如何应对客户的拒绝，是销售员必须面对的问题。研究表明，客户虽然有千万个借口对销售人员的推荐做出拒绝的反应，但根源往往归结为习惯性使然。就是说客户虽然可能对现状并不满意，渴求改变，但同时往往对新事物、新方法有某种自然的抵触情绪，由于对新事物并不了解或者不能把握新事物所带来的积极变化，因此宁可采用现在已经非常熟悉的方式来维持现状。所以，销售员在和客户沟通的过程中，要排除客户这些习惯性的异议，越过这些不必当真的异议。

在以下拒绝方式中，大部分客户都是习惯性地抗拒，销售员不要在这个问题上一碰壁就直接放弃，而应该深入进去，找到客户真正拒绝的原因。

（1）不需要这个产品

销售人员经常碰到的拒绝就是“不需要”。也许，客户说得对，但事实上，大多数“不需要”仅仅是一个借口，或者是客户在故意拖延时间。统计的数据表明，将近80%的客户对他们现有的产品或者服务感到不满意，但却不想采取任何措施去改变现状；85%的客户实际上没有非常明确的需求。客户对销售人员做出“不需要”的拒绝可能是由于销售人员喋喋不休地介绍自己的产品或者服务，或者由于刚才的某个销售人员惹恼了客户，导致客户把怨气发在你的身上，不过值得庆幸的是，尽管“不需要”是客户最经常采用的拒绝方式，但却是最容易避免的拒绝。

良好的开场白可以避免客户的排斥心理，虽然客户嘴上说着“我不需要”，其实心中可能已经蠢蠢欲动了。只要你能够讲得足以吸引他的兴趣，就等于有了打开成功大门的钥匙。

当然，客户“不需要”的情况有时是真实的，这种情况下，想要避免被拒绝，几乎是没有希望的。作为一个销售人员，尽量利用多种手段充分了解客户，才能有效地去分别“真不需要”还是“假不需要”。

（2）没有资金

比起“我不需要”的使用频率，“我没钱”紧随其后。遭受“没钱”的拒绝实在让人烦恼，销售过程最终达成的最大难点就在这里。但是你有没有这样的经历：如果你仅仅是擦破了一点儿皮，你绝对不会花很多的钱，找很好的大夫来给你治伤，但是如果你得了很严重的病，你绝对不会在乎花多少钱才能请到好大夫（当然是在力所能及的范围内）。

这个道理告诉我们，如果需求是强烈的和必需的，由此产生一种紧迫的需求，“没钱”的借口就不攻自破。这给我们的启示是不要被客户“没钱”的借口所迷惑，如果出现这种情况，只能说明你在介绍你的产品或者服务的时候，对客户的需求刺激不够，让客户对产品能够带给他们的利益明白得不多。

所以，在销售洽谈的过程中，最初的几个阶段最为重要，在帮助客户进行需求分析的时候，一定要让你的产品和服务给予客户强烈的需求印象，无论这个需求是真实的还是虚幻的。只要做到这一点，价格的问题就显得不重要了，而且你的报价，在他们看来会变得相当合理。

（3）不必回答的问题

当客户提出一些反对意见，这些意见和眼前的交易扯不上直接的关系，你只要面带笑容同意他就好了。

对于一些“为反对而反对”或“只是想表现自己的看法高人一等”的客户异议，你如果认真地处理，不但费时，尚有旁生枝节的可能，因此，对于客户一些不影响成交的反对意见，销售员最好不要反驳，采用不理睬的方法是最佳的。你只要让客户满足了表达的欲望，就可迅速引开话题。

常用的“不理睬方法”有微笑点头（表示“同意”或表示“听了你的话”)、“你真幽默”“嗯！高见！”等。

千万不能客户一有反对意见，就反驳或以其他方法处理，那样就会给客户造成你总在挑他毛病的印象。当客户抱怨你的公司或同行时，对于这类无关成交的问题，都不予理睬，转而谈你要说的问题。客户："啊，你原来是××公司的推销员，你们公司周围的环境可真差，交通也不方便呀！”尽管事实未必如此，也不要争辩。销售员可以微笑点头，然后说："先生，请您看看产品……”

在销售洽谈中，不需要销售员回答的异议包括：一些自我表现性的问题，容易造成争论的问题，明知故问的发难，为要求降价提出的借口等等。要知道，有些客户异议会随着业务洽谈的进行而消失。

销售专家认为，在实际销售过程中80%的反对意见都应该冷处理。但这种方法也存在不足，不理睬客户的反对意见，会让某些客户觉得你不重视他，从而产生反感情绪。且有些反对意见与客户购买关系重大，销售员把握不准，不予理睬，会有碍成交，甚至失去销售机会。因此，采用此方法必须谨慎。

金牌销售经验谈

①给客户说“不”的机会是不幸的，但是不要让一个“不”字就把你击垮了。

②真正的拒绝很少，大多数只是拖延。对于不必当真的异议，销售员最好不要去解决或讨论。

③在很多情况下，销售员的不当销售是遭受客户拒绝的关键因素。如果销售员能够改变自己和客户沟通的方式，抓住客户的心态，遭受客户拒绝的可能性就会明显降低。

4.处理客户异议的常用方法

尽管客户异议会阻碍销售的顺利进行，但只要掌握正确的方法，打消客户的疑虑，就可以快速达成交易。处理客户异议的方法很多，但应根据异议的类型及原因而定，常用的处理客户异议的方法如下：

（1）反驳处理法

反驳处理法，是指销售员根据有关事实和理由直接否定客户异议的处理方法。理论上讲，这种方法应该尽量避免。直接反驳对方容易使气氛僵化而不友好，使客户产生逆反心理，不利于客户接纳销售员的意见。

但有些情况你必须直接反驳以纠正客户的错误观点。例如，当客户对企业的服务、诚信有所怀疑或当客户引用的资料不正确时，你就必须直接反驳，因为客户若对你企业的服务、诚信有所怀疑，你拿到订单的机会几乎是零。如果客户引用的资料不正确，你能以正确的资料佐证你的说法，客户会很容易接受，反而对你更信任。

客户："听说你们的产品返修率很高。"

销售员："怎么会？我们的冰箱在众多国际品牌的抽查中，是拿'优秀'最多的。而且，我们的冰箱今年刚获得了消费者质量大奖第一名。"

客户："你们企业的服务不行，态度也不是很友好。"

销售员："这更不可能了，我们在全国有 42 个工贸公司、325 个专修部、1475 个服务网点、3420 个星级服务人员专门从事冰箱的服务……"

反驳处理法的主要优点是，可以有效增强销售说服力，并节省时间，加快销售进程。但如果分寸把握不好，容易陷入与客户争辩而不自知的境地，激化矛盾。所以销售员在具体操作时态度一定要友好而温和，态度诚恳、有理有据，这样才有说服力，同时又可以让客户感到你的信心，从而增强客户对产品的信心。

（2）转折处理法

转折处理法，是推销工作的常用方法，即销售员根据有关事实和理由来间接否定客户的意见。人有一个通性，不管有理没理，当自己的意见被别人直接反驳时，内心总会感到不快，甚至会很恼火，尤其是当他遭到一位素昧平生的销售员的正面反驳时。屡次正面反驳客户会让客户恼羞成怒，就算你说得都对，而且也没有恶意，也会引起客户的反感，因此，销售人员最好不要开门见山地直接提出反对的意见。

应用转折处理法是首先承认客户的看法有一定道理，也就是向客户做出一定让步，然后再讲出自己的看法。在使用过程中要尽量少使用“但是”一词，而实际交谈中却包含着“但是”的意见，这样效果会更好。因为“但是”的字眼在转折时过于强烈，很容易让客户感觉到你说的“是的”并没有含着多大诚意，你强调的是“但是”后面的诉求。

客户：“这种服装的颜色都过时了。”

销售员：“小姐，您的记忆力的确很好，这种颜色几年前已经流行过了。我想您是知道的，服装的潮流是轮回的，如今又有了这种颜色回潮的迹象。”

这样就轻松地反驳了客户的意见。在表达不同意见时，也可以将“但是”改为“如果”，即利用“是的……如果”的句法，用“是的”同意客户部分的意见，用“如果”来表达存在另一种情况的可能性。

客户：“这冰箱的体积大了点，有点夸张。”

销售员：“是的，在我看来也比较大。如果设计得更小些，我想那些内设系统就只能放弃，这样一来，您想吃刨冰，就得买冰盒，还要买个刨冰机，是不是很麻烦呢？”

灵活掌握转折处理方法，有利于保持良好的洽谈气氛，为自己的谈话留有余地。但是，对于确为产品或服务本身存在的问题，则应积极道歉，勇于承担责任，给出切实可行的明确解决时间，并快速处理。

（3）太极法

太极法取自太极拳中的借力使力。客户的反对意见是有双重属性的，它既是交易的障碍，同时又是一次交易机会。如果能将计就计，利用客户异议正确的、积极的一面去克服错误的、消极的一面，就可以变障碍为信号，促进成交。

太极法用在销售上的基本做法是当客户提出某些不购买的异议时，销售人员能立刻回复说：“这正是我认为你要购买的理由！”也就是销售人员能立即将客户的反对意见，直接转换成为什么他必须购买的理由。

客户：“你们的冰箱设计过于前卫，不太搭配我们家的环境。”

销售员：“正因为设计前卫您才要购买呀，否则过几天您把房子一装修，摆个老土的冰箱岂非不搭调。”

客户：“价格怎么涨到这么高了。”

销售员：“是啊，价格是在涨，而且以后还得涨，现在不买以后会更贵。”

太极法能处理的异议多半是客户通常并不十分坚持的异议，特别是客户的一些借口，太极法最大的目的是让销售人员能借处理异议而迅速地陈述产品能带给客户的利益，以引起客户的注意。

我们在日常生活上也经常碰到类似太极法的说词。例如主管劝酒时，你说不会喝，主管立刻回答说：“就是因为不会喝，才要多喝多练习。”你想邀请女朋友出去玩，女朋友推托心情不好，不想出去，你会说：“就是心情不好，所以才需要出去散散心！”这些异议处理的方式，都可归类于太极法。

（4）补偿处理法

补偿处理法，就是用产品优点来补偿自身缺点的一种异议处理方法。要知道，在这个世界上，完美的东西是不存在的。任何一种产品都有它的优点和缺点，而且这对立的两方面通常互相关联。例如，产品用了最好的材料，品质一流，当然价格会高些。

如果客户的反对意见的确切中了产品或公司所提供的服务中的缺陷，千万不可以回避或直接否定。明智的方法是肯定有关缺点，然后淡化处理，利用产品的优点来补偿甚至抵消这些缺点。这样有利于使客户的心理达到一定程度的平衡，从而做出购买决策。补偿法的运用范围非常广泛，效果也很有实效。例如，美国艾维士汽车出租公司的一句有名的广告语：“我们是第二位，因此我们更努力！”就是一种补偿法。再比如，客户嫌车身过短时，汽车销售人员可以告诉客户“车身短有助于你方便地停车”。类似的案例还有：

当销售的产品质量确实有些问题，而客户恰恰提出：“这东西质量不好。”

销售员从容地告诉他：“这种产品的质量的确有问题，所以我们才削价处理。不但价格优惠很多，而且公司还确保这种产品的质量不会影响您的使用效果。”

客户：“你们产品价格太高了。”

销售人员：“价格是有点高，但一分钱一分货，我们的质量也是最好的。对于贵公司来说，性能的稳定性不是更重要吗？”

客户：“这款手机功能真是强大，设计也非常棒，可惜体积大了一点。”

销售员：“您说得很有道理，确实大了一点。但强大的功能肯定需要更多的硬件配置，至少屏幕就需要大一倍，如果太小，您使用就不方便了。”

（5）合并意见处理法

合并意见是指将客户的几种异议汇总成一个意见，或者把客户的反对意见集中在一个时间讨论。目的是削弱反对意见对客户所产生的影响。

客户："我再考虑下吧。"

销售员："您对这款冰箱的价格和体积不是很满意是吧，其实价格高是因为冰箱质量好，体积大是因为功能齐全。您看我们的冰箱液晶显示，智能控温，不但有四个温区，还内设了自动制冰……"

再如，当客户认为保险不好，理赔不干脆，而自己又没钱买保险时，销售员往往会一头雾水，而客户本身也会认为："这么多问题存在，我不买保险是有道理的。"针对这种情况，那些有经验的销售员就会指出："保险不是不好，是您找错销售员了；理赔不是不干脆，而是文件不齐。其实您真正关心的问题只有一个，就是'钱'，仅此而已嘛！您想吃饭，没钱就不吃吗？您想买房子，钱不够就不买吗？不是的，关键在于您是不是觉得这东西对您很重要，如果重要，您就会设法筹钱，对不对？"将一堆异议转化为一个问题，问题也就好解决了，这是应付多种异议的一个绝招。

合并处理法的优点是可以把客户反对意见一次性排除，并可选择性地强调产品优越之处。但要注意不要在一个反对意见上纠缠不清，因为人们的思维有连带性，往往会由一个意见派生出许多反对意见。摆脱的办法，快速复述并回答客户的所有意见，然后马上把话题转移开，将客户注意力吸引到产品优势上去。另外，合并处理时要避免长篇罗列，以免客户失去兴趣。

（6）委婉处理法

销售员在没有考虑好如何答复客户的反对意见时，不妨先用委婉的语气把对方的反对意见重复一遍，或用自己的话复述一遍，这样可以削弱对方的气势。

有时转换一种说法会使问题容易回答得多，但只能减弱而不能改变客户的看法，否则客户会认为你歪曲他的意见而产生不满。销售员可以在复述之后问一下：“你认为这种说法确切吗？”以求得客户的认可，然后再继续下。比如客户抱怨：“价格比去年高多了，怎么涨幅这么高。”销售员可以这样说：“是啊，价格比起前一年确实高了一些。”然后再等客户的下文。

金牌销售经验谈

①不管是何种异议，你首先得对异议持正确的态度，如此才可能用正确的方法来处理好异议。

②要采取积极的态度，重视客户的异议，认同客户的感受，这是成功地解决异议的开始。

③在处理异议时，一个重要的原则就是，尊重客户的意见，不要去直接反驳他们。反驳性的话语，一定要委婉，要让客户能够接受。

5.冷静面对客户的过激异议

客户的异议对于销售员来说是司空见惯的事。有的客户性情温和，对于在购买过程中遇到的问题能够理智地同销售员协商解决，而有些客户也许因为脾气暴躁，发现产品有问题后，情绪激动，怒火中烧。对于后一种客户，不少销售员都会不知所措。

其实，任何销售员都难免会遇到这样的客户。面对这样的情况，销售员要予以理解，并慎重处理。切不可与客户发生冲突，否则销售员不仅会丢失客户，也会使公司信誉备受影响。

销售领域中客户为上帝，无论客户脾气多么暴躁，如果在购买或使用产品时产生过激异议，责任都在销售员。只有处理好客户的异议，才能留住客户的心。

某洗发水的产品经理，在抽样中发现有分量不足的产品，趁机以此为理由，采取不依不饶的态度，坚决地讨价还价。

厂方的销售员是这样回答的："美国有一个专门生产空军用的降落伞的工厂，产品的不合格率为万分之一。虽然很低，但同样意味着，一万名士兵中会有一个因为降落伞的质量问题牺牲，这是军方不能忍受的。于是，他们在抽检产品时，让工厂的主要负责人亲自跳伞做试验，从那以后，产品的合格率全为百分之百。如果你们提货后，能将那瓶分量不足的洗发水赠送给我，我将和公司的负责人一起分享。这可是我公司成立10年以来，首次使用免费产品的好机会啊！"

这位销售员的答话是很有水准的，首先他讲了一个故事，这个有一定幽默性的故事可以缓和气氛，减少客户的烦躁心理。在后面的解说中，销售员阐述了拒绝否定的理由，这是10年中唯一的不足量产品，从合格率上告诉客户这份不合格产品存在的合理性，从而说服了客户。

过激的异议是在销售过程中经常碰到的，它是客户把一个异议问题加重和强化的表现，通常由脾气暴躁的客户提出，或者别有用心的客户有意提出。

过激的异议是必须解决的，如果不能解决，不但会失去这一个客户，还会影响其他人的购买选择。但在处理过激异议时，销售员首先不能为这种异议的攻势所吓倒，不要表现出紧张和不知所措，不要因此而愤怒，或有其他的情绪表示。要用平常心来对待，才能更自如地处理问题。

那么，当客户产生过激异议时，销售员应该如何来做呢？

（1）谨慎判断，慎下结论

在处理过激异议时，销售员要立刻做出反应，拖的时间越长、反应越慢，越不容易控制局势，这是对销售员的一个严峻的挑战。

但即使时间紧迫，销售员也要多思考，理清思路。可以从以下几个方面判断：

客户提出的异议的动机是什么?

客户提出的异议的真假?

客户异议的关键在哪里?

这种异议实际的重要程度如何?

这样判断以后，就可以更准确地对待。有的时候，客户的异议是过激的，但真正的原因是客户心情不好，刚和老婆吵了一架，或者刚被领导批评过。在这种情况下，客户提出的异议本身只是小问题，销售员要想控制局面，就不能和客户争执，而是想办法引导客户冷静下来。

（2）勇于承担责任

客户产生过激异议的原因，不外乎下列数种：公司的错误（例如，产品有缺陷）、销售员业务说明不够、客户的错误（例如，操作顺序有误）、客户的误解（例如，听错了销售业务员的说明）、发生意外事故（例如，运送途中的事故）等等。

不管原因如何，你都要诚心诚意地解释和道歉（切莫议论或辩解），请求客户的谅解。如果是公司或销售员方面的失误，比如产品出现了质量问题，客户自然不愿忍气吞声。销售员就要主动承担责任，切不可为了保证利益而拒绝承认，甚至与客户发生争执。

在符合退换货标准的情况下，销售员需要及时为其换货或者退货，不能故意搪塞客户。如果所售产品的确对客户造成了危害，销售员要根据公司规定主动提出赔偿，力所能及给予客户最满意的答复。

（3）平息客户情绪

在客户提出过激异议后，不少销售员习惯马上着手解决问题，其实这并不可取。因为此时客户心中有强烈不满，情绪很差，甚至会充满愤怒，很难接受理性的、合乎逻辑的建议，所以销售员首先要做的是平息客户情绪。

①询问客户的期望。不要总是对客户说你这样做不能解决什么问题，

这样只会让客户更加愤怒。这种错误如同你在问别人时间，而别人说“现在不是十点，也不是中午”一样。你应该首先询问客户的期望，再告诉客户你能干什么，让他对你充满期望。

②对客户表示感谢。感谢比道歉更重要。你要感谢客户提出的异议，感谢他能直接指出了你的问题，帮助你改进工作。你可以这样说：“很高兴您能告诉我这个问题，这是您对我的信任，真的很感谢您。”

③始终用温和的态度与客户对话。无论客户的怒气多大，言辞多么激烈，如果销售员能始终保持温和的态度就能最大限度保全与客户的良好关系。当客户提出过激异议时，千万不要顶撞他，更不要说“这不是我的责任，向我发什么火”这类的话，否则只能激化矛盾。

④与客户沟通。在了解客户产生异议的原因之后，你可以选定一个双方都能认同的观点，有选择性地提出一些相对中立的意见，不为真正地施行，而是为了能够多与客户沟通。在交流过程中，客户的愤怒情绪会渐渐减弱。

金牌销售经验谈

①把过激异议处理得好，客户对你的好感只会增多，不会减少。

②对客户过激的异议，销售员要首先能够缓和客户的怒火，并在客户说完话时及时回应，选择性地使用合适的一般异议处理方法。

③在探究客户异议的原因时，销售员一定要注意言辞语气的正确使用，尽量用委婉的语言与客户对话，以引导客户说出产生异议的根本原因，从根本上解决客户异议。

6. 不要陷入价格争议中

销售过程中，最常见的客户异议就是价格异议。价格异议是指客户以推销产品价格过高而拒绝购买的异议。无论产品的价格怎样，总有些人会说价格太高、不合理或者比竞争者的价格高。如“太贵了，买不起”“不合算”“别人比你卖得便宜”等诸如此类的话。

客户希望物美价廉，花最少的钱购买到最好的产品。如果价格远远高出客户的期望值，客户是绝对不会和你成交的。客户针对价格问题会提出一些异议，如果销售员处理得不当，就会影响交易的进行。

（1）不要着急谈价格

谈价格不能陷入“价格战”，过早谈价格，势必会造成价格战。优秀的销售员一般至少会在客户三次询价后才谈到价格。

曾经有这样一个案例，说的是一个销售员向客户推荐牙膏，客户本能地问他多少钱，销售员心直口快，同时也缺乏经验，他告诉对方牙膏 20 块一支，客户立刻觉得太贵了，后来不管那个销售员再怎么解释，都无济于事。这个时候销售员也许会问，不急着和客户谈价格那谈什么呢？

①先谈价值，后谈价格。销售员应该尽力多与客户谈论产品的价值，即产品的优势，以及产品给客户带来的利益及优惠，这样做可以在很大程度上削弱客户对价格的关注。客户对产品的购买欲望越强烈，他对价格问题的考虑就越少。让客户认同产品价值的最有效的方法就是做产品示范，俗话说：耳听为虚，眼见为实。任你再怎么滔滔不绝地讲解都比不上让客户真真切切地看一遍产品展示来得实在。

②了解客户的购物经验。客户对于产品价格的反应很大程度上来源于

自己的购物经验。个人经验往往来自于自身的接受程度所形成的、对某种产品某个价位的知觉与判断。客户多次购买了某种价格高的商品回去使用后发现很好，就会不断强化“价高质高”的判断和认识。反之，当客户多次购买价格低的商品发现不如意后，同样也会增加“便宜没好货”的感知。

值得强调的是，在一对一的销售过程中，销售员完全有时间了解到客户的购物经验，从而对客户能够接受的价位进行准确的判断。有个销售化妆品的销售员，她的客户平时消费的产品价位都很高，同时也认为高价位才是品质的保证和身份的象征，于是她总是毫不犹豫地向客户推荐自己销售的产品中比较高端的品种。

③模糊回答。如果客户很早提及价格问题，销售员可以说：“没关系，价格一定会让您满意。我们先看喜不喜欢。如果喜欢的话，它就很有价值；如果您不喜欢的话，再便宜您也不会购买。是不是？”通过这一战术，销售员可以继续为客户介绍产品。当产品的价值充分表现出来时，就会减弱价格问题的压力。

如果遇到客户非要首先问价格该怎么办呢？这个时候可以采用模糊回答的方法来转移客户的注意力。比如，销售员可以说：“这取决于您选择哪种型号，看您有什么特殊要求。”或者告诉客户：“产品的价位有好几种，从几百到上千的都有……”即使销售员不得不马上答复客户的询价，也应该建设性地补充：“在考虑价格时，还要考虑这种产品的质量和使用寿命。”在做出答复后，销售员应继续进行促销，不要让客户停留在价格的思考上，而是要回到关于产品的价值这个问题上去。

总之，价格是销售的最后一关，支付能力与支付意愿之间总是有差异，购买意愿没有形成之前，谈价格是没有意义的，没有购买欲望，就没有谈价格的必要。

（2）价格异议处理技巧

尽管销售员在报价之前已经向客户充分地展示了产品的价值，但是仍然可能遇到客户对价格存在异议的情况，因为客户总是希望以最低的价格买到最实惠的产品。这个时候销售员就需要掌握处理价格异议的技巧。

如果处理不当，即使你为客户打了很低的折扣，交易依然难以达成。相反如果处理得好，根本不要为客户打折扣，客户还会乖乖地掏了腰包，甚至满心欢喜，连声道谢。下面我们分析几种常见的价格异议处理方法。

首先，来看一些常见的错误价格异议回答：

①“这样的价格还嫌贵？”

面对客户提出的价格异议，很多销售人员会随口而出：“这样的价格还嫌贵？”“这已经是很便宜的了。”这种回答是与客户对抗的表现，它的潜台词就是“嫌贵了你就别买，我并不强迫你买”。甚至如果销售人员本来就是带着情绪说出来的这句话，客户还可能理解成“买得起就买，买不起就别在这里啰唆了”。显然，无论怎样理解，这样的回答是不能令客户满意的，并且这句话一出口也就意味着“价格谈判”已经走进了一个死胡同。

②“您是不是真的想要？”

这句话是一些小商摊上听到最多的话，也是客户最不想听到的。因为这句话正好验证了客户的一种担心：这里的东西没有明码标价，不知道水分有多少？于是客户心想：还是货比三家多问问行情为好，免得上当。结果在一番讨价还价之后，客户最后说了一句“我再考虑考虑”便抽身走了。和这句话同样错误的说法还有：“多少钱你要？说个价！”

③“我们这里从不打折。”

“我们这里从不打折”这个回答过于直接和死板，客户本来想得到一些优惠，没想到话刚出口就“挨了一个耳光”，被对方打了回来，心理极不舒服。并且这句话还好像在暗示客户，如果你要讨价还价就请走开，不要浪费时间，我们是正规商场，没有商谈的余地。这无异于赶客户离开。

正确的价格异议处理方式有如下几种：

①“三明治”法。如果客户一提出异议，销售员就立即反驳：“你错了！好货不便宜，你懂吗？”这样的话犹如利剑，很容易伤害客户的自尊心，甚至激怒客户，引起不快。这个时候销售员可以采用“三明治”法处理异议。所谓“三明治”法就是“认同 + 原因 + 赞美和鼓励”的方式。

比如说在介绍完产品之后，客户还是说产品太贵了，我们可以这样说：

“您说得对，一般客户开始都有和您一样的看法，即使是我也不例外。但您经过使用就会发现，我们做的网站效果会更好，而且后期维护完善，我们还有庞大的客服团队。相信像您这么精明的消费者是不会选择错误的。”销售员先是表示与客户有相同的看法，使客户感受到自己得到了对方的理解和尊重，这自然也就为销售员下一步亮出自己的观点、说服对方铺平了道路。

一般来说，客户都明白“一分钱一分货”的道理，当客户得知产品价格高是因为质量好的缘故，再加上销售员对其适当的认可和理解时，客户对于价格也就不会再争议了。

②比较法。客户购买产品一般都会采取货比三家的方式。这个时候销售员就要用自己产品的优势与同行的产品相比较，突出自己产品在设计、性能、声誉、服务等方面的优势。也就是用转移法化解客户的价格异议。

常言道，“不怕不识货，就怕货比货”。由于价格在“明处”，客户一目了然，而优势在“暗处”，不易被客户识别，而不同生产厂家在同类产品价格上的差异往往与其某种“优势”有关，因此，销售员要把客户的视线转移到产品的“优势”上。这就需要销售员熟悉市面上各种各样的同类产品，做到心中有数，知己知彼、百战不殆。

值得注意的是，销售员在运用比较法的时候，要站在公正、客观的立场上，一定不能恶意诋毁竞争对手。通过贬低对方来抬高自己的方式只会让客户产生反感，结果也会令销售员失去更多的销售机会。

③化整为零。如果销售员把产品的价格按产品的使用时间或计量单位分至最小，可以隐藏价格的昂贵性，这实际上是把价格化整为零。这种方法的突出特点是细分之后并没有改变客户的实际支出，但可以使客户陷入“所买不贵”的感觉中。

一位销售员向一位大妈推荐保健品，大妈问他多少钱，这位销售员不假思索脱口而出：“450 元一盒，三盒一个疗程。”话音未落，大妈已离开。试想，对于一个退休的大妈来说，400 多元一盒的保健品怎么可能不把她吓跑呢？没过几天，小区又来了另一位销售员，他这样告诉那位大妈：“您每天只需要为您的健康投资 15 元钱。”听他这么一说，大妈就很感兴趣了。产品价格并没有改变，但为什么会有截然不同的两种效果呢？原因是他们的报价方式有别。前者是按一个月的用量报的，这样报价容易使人感觉价格比较高；而后一位推销员是按平均每天的费用来算的，这样这位大妈自然就容易接受多了。

金牌销售经验谈

①价格是商品价值的货币表现形式，它直接影响消费者心理感知和判断，是影响消费者购买意愿和购买数量的重要因素。价格问题谈得好就是成交的前兆，谈得不好就是销售失败的信号。

②把握客户的需求，多利用性价比和产品寿命等有利元素刺激客户的购买欲望，阐明自己品牌的优势，最后才与其讨论价格。

③销售员可以从产品的效用和客户的需求出发，降低客户对价格的敏感度。

7. 别试图通过争论说服客户

有些销售员在一般情况下，还能热情周到地接待客户，详细地向客户介绍产品，而一旦客户对产品提出异议与抱怨，这些销售员的脸马上晴转多云，对客户产生不满。他们总是想尽办法与客户争论一番，试图通过争论说服客户。结果，不但生意做不成，还伤害了对方的自尊心，两败俱伤。

事实上，客户不但从来不把争论结果当成是否进行交易的砝码，而且在客户看来，无论引起争论的原因或结果是什么，他们都认为只要销售员参与到争论当中，这些销售员就没有把自己奉为“上帝”。

与客户进行争论，实际上这些销售员已经忽略了客户渴望被尊重、被关心、被理解、被满足等情感需求。因此，争论的结果几乎都是无法成交。我们来看以下这个案例：

销售员："先生您好！昨天你来看我们公司新出品的病床，我想了解一下，您觉得这批床怎么样，适合您的医院吗？"

医生："一些功能挺好的，只是我觉得这床太硬，病人会不喜欢的。"

销售员："硬吗？这种类型的床还是硬一点好。"

医生："对病人来说，并不要求太软的床。但它真的是太硬了。"

销售员："您怎么过了一天就说这床太硬了呢？昨天您还说挺合适的啊。"

医生："不适合，我觉得各个方面都不适合我们的选择。"

销售员："可是这种床是专为和你们医院一样的腰肌劳损的病人设计的呢。如果有这种床，他们会更舒服的。"

医生："我们有专门的采购部，他们会处理这个问题。"

销售员："你们的采购部并不可靠，他们哪有我们的专业设计人员懂得多啊。"

医生："哼，再见。"

销售员："你这个人怎么这样呢？"

结果，两人不欢而散。事实表明，销售员应该尽可能不要和客户争论，争论只能导致问题变得更加恶化。对一个有远见的销售员来说，他不会和客户争论、逞口舌之快，而是更多地想到长远利益。

争论与说服有本质上的区别。说服是尽可能地打消客户的疑虑和不满，从而有效达成交易。在说服过程中，销售员始终本着友好合作的态度。

争论是与客户一争高低，迫使客户不得不认同自己的观点，争论的结果往往都会指向销售失败。如果销售员在争论过程中处于下风，不仅无法实现成交，还会引起客户的轻视和更坚定的反对；如果销售员在争论中处于上风，那么客户就会感到委屈、愤怒，恼羞成怒的客户更不可能和销售员展开任何合作。

可见，无论基于什么样的原因，无论争论的结果是什么，销售员一旦与客户展开争论，那么最终的结果都将指向整个交易的失败。

客户永远都是对的，这是每个销售员都要牢记的话。但怎样才能避免和客户发生争论?

（1）不直接反驳客户

直接遭到他人的反驳，是任何一个人都不愿意接受的。客户提出异议时，本来就表现出了不满，如果销售员对客户的异议再进行直接反驳，很可能就进一步激怒客户，甚至令其大动干戈。

如果客户所说的话是无关紧要的，销售员可以一笑置之，不予理会；如果必须反驳客户的异议，尽量间接反驳，先肯定客户的部分观点，然后再反驳问题的本质，尽量做到既表达自己的观点，又不能伤害到客户心理。

（2）冷静分析客户异议

如果客户的观点和你的观点相抵触，销售员要判断这种异议产生的原因，并认真倾听客户的异议，从这些异议中获得更多的信息，然后再根据这些信息做出判断和应对。

有时客户提出的异议虽然很刺耳，但任何产品都不是十全十美的，客户对产品挑剔也是情有可原的。当客户表现出的异议无关紧要时，销售员大可不必放在心上，一言带过即可；如果客户提出的异议是真实的，客户表明确实对产品的某些功能不太满意。销售员就要有意强化产品的优点，来冲淡产品的缺点。如果客户对产品不满意的地方过多，销售员就应该向客户介绍一些别的型号的产品。

（3）先倾听，再解答

当客户表现出异议时，有些销售员总是希望可以通过解释消除异议，但是结果往往不尽如人意。因为这时客户只想宣泄自己的不满，销售员过多的解说只会让他们更加反感。

其实让客户多说，本身就是给客户一个发泄的机会，销售员不但可以了解客户的真实想法，还可以平息客户的某些不愉快的情绪，这样双方再沟通起来就简单多了。

所以，当客户在表达异议时，销售员一定要多倾听，从客户那里获得一些有效信息，等客户的情绪渐渐平静下来，再采取适当的解决办法。

（4）注意遣词造句

良好的态度和具有逻辑性的语言，是销售员开展销售工作的两大法宝。不论客户提出的异议多么过激，你都要时刻抱有诚恳的态度，使用平和的语调与其对话，并注意遣词造句，尽量回避一些过硬的词语，使客户听起来感到舒心、顺心。这样就能最大限度地缓和销售气氛，保证销售工作的顺利进行。

总之，销售员需要时刻铭记：客户在任何情况下都不是我们争论的对象，他们之所以与我们合作，是因为他们需要一些帮助，而我们有责任尽量使他们的需求得到满足。只有客户感到满意，我们才有机会提高业绩，发展事业。

金牌销售经验谈

①永远避免跟别人起正面冲突，尤其是和你的客户。任何一个销售员都要牢记，与客户沟通时不管出现什么情况，都不能与客户起争执。

②不在万不得已的情况下，销售员不要直接反驳客户；反驳客户必须注意在特定条件下有克制地进行。

③客户有异议时让客户对你多说，你多听，充分了解客户的想法，才能采取相应的政策。

第十章

这样说服最有效

作为一名销售人员，你也许有过这样的疑惑：为什么推销同样的产品与服务，成就却有天壤之别——排在前20名的销售员，总是包办了80%的交易。推销高手之所以能脱颖而出，是因为他们懂得销售的艺术，其中的精髓在于他们充分运用了高超的“说服法”。

说服是推销的核心智慧，可以这样说，推销员推销的过程，实际上就是想方设法说服客户购买所推销的产品或服务的过程。有效的说服可以让客户由“不”变为“是”，由“不愿意”变为“我愿意”。熟悉和使用这些“说服法”，销售员便可以真正做到在复杂环境下将欲售产品销售给需要的客户，从而成为最具说服力的销售员。

1.要想说服客户，先说服自己

一些销售人员常常抱怨自己业绩不好，抱怨客户有诸多挑剔，可是你有没有试着问问自己，如果你是客户，你会被自己的解说打动、买自己的产品吗？

一家公司曾进行了一次换位思考的调查，结果90%以上的销售人员认为如果自己是客户，不会购买自己的产品。既然自己都不能说服自己，试想又怎么能说服客户呢？所以问题的根源还是在自己身上。

要想把产品销售出去，首先要热爱产品。只有热爱自己销售的产品，销售才会有热情。热情是世界上最具有价值的一种感情，也是最具感染力的。销售人员对自己所销售的产品是否具有足够的热情，这将直接影响客户对产品的态度。客户既会被销售员对产品的热情所吸引，也会因为销售员对产品的冷淡和不自信而排斥被销售的产品。同时，在产品同质化日趋严重、同行业竞争不断加剧的情况下，影响客户是否购买产品的主要原因往往不是产品本身，而是销售人员向客户传递的他们对产品的态度。

其次，销售员必须全面了解产品。如果说，销售95%靠的是热情，那剩下的5%靠的就是产品知识。产品知识包括很多层面，例如：产品的起源，产品是基于何种动机而制造的，产品的制造过程，产品的使用方法，产品的保养方法，与同类竞争产品的比较等。

销售员成为产品专家的意义何在呢？答案是，销售员必须能够回答客户提出的任何问题，毫不迟疑并准确地说出产品的特点，熟练地向客户展示产品。只有具备了专业的丰富的产品知识，才能信心十足，才能相信自己的产品，才能产生足够的热情，成为销售专家。现在，许多顶尖销售员最引以为傲的，不是自己的销售业绩，而是他们在其产品或服务方面的渊博知识无人能及。

有一位客户到A家具店想购买一把办公椅子，销售员带客户看了一圈。

客户："那两把椅子价钱怎么算？"

销售员："那个较大的是280元，另外一把是620元。"

客户："这一把为什么比较贵，我们外行看来觉得这一把应该更便宜才对！"

销售员："这一把进货的成本就快要600元了，只赚您20元。"

客户本来对较大的那把280元的椅子有一点兴趣，但想到另一把居然要卖620元，那较大的那把椅子一定粗制滥造，因此，就不敢买了。

客户又走到隔壁的B家具店，看到了两把同样的椅子，于是他指着两把椅子问："这些办公椅都是一个价位吗？"

销售员走上前扶着其中的一把说："不是的，这种椅子280元，旁边的那把620元。请您到那边的沙发上谈吧。"

客户回答："不了，我今天只是想好好看一看。看起来这两把椅子差不多，为什么价格相差一倍多呢？"

销售员："您可以坐上去比较一下。"

客户分别到两把椅子上坐了片刻，然后又问："为什么那把价格便宜的坐上去反而更舒服呢？那把620元的坐上去有些硬。"

销售员微笑着说："这是因为620元的椅子内部弹簧数较多，这样虽然最初坐上去感觉有点硬，但它是完全依照人体科学设计的，您即使长期坐在上面也不会感觉疲倦。同时，弹簧数多就不会因为变形而影响坐姿，这有助于纠正人们不正确的坐姿。长期坐在办公椅上的人们经常因为不正确的坐姿而导致脊椎骨侧弯，这就会出现腰痛、肩膀痛等问题。除了增加了有助于正确坐姿的弹簧之外，这把椅子还配备了先进的纯钢旋转支架，这种支架比普通支架的寿命要长两倍，而且不会因为过重的体重或长期的旋转而磨损、松脱。如果支架的质量没有保障，那还很容易在坐的过程中出现突然掉到地上等问题。所以这种椅子不但更有益于人体健康、使用寿命更长，而且还消除了安全隐患。”

停了一会儿，销售员又说：“那把280元的椅子也不错，不过在对人体健康和使用寿命上却远远不如这一把。您觉得哪把更合适呢？”

最后客户决定购买620元的椅子，虽然多花了340元，但是客户却认为物有所值，为了保护自己的脊椎健康，这是完全值得的，况且这把椅子的使用寿命还要长得多。

在上面的故事中，这个销售员为什么能成功销售？其中一个重要的原因就是他的专业知识让他赢得了客户的信赖。销售卖的不是产品而是产品的好处，只有当你了解自己的产品或服务的知识，才能知道你销售的产品能够给客户带来什么好处，如何运用它们改善客户的工作和生活，才能娴熟地向客户推销你的产品。

假设你销售房子，那么就必须对你销售的房子的情况加以全面掌握，并了解客户希望买到什么样的房子。例如：希望房子坚固又舒适，还是以交通方便为优先。这样才能有效地打动客户、说服客户。

还值得注意的一点是，在产品销售的过程中，有一些客户对产品的要求比较高，会对销售人员提出各种问题，有时候让销售人员难以招架。

为了更好地完成销售解说，销售人员可以自己事先扮演最刁钻的客户，设想客户可能会提出什么问题，有什么要求，自己应该怎么回答，找出和客户沟通最有效的途径等。

通过自己扮演最刁钻的客户，可以让销售人员更清楚地了解客户的心理，找到最好的解说方式，也有助于缓解销售人员临场发挥的紧张情绪，在面对客户的发问时从容不迫，对产品做出完美的介绍。

总之，在销售产品之前，我们首先要对自己的产品有十足的信心，首先说服自己，克服自己心里的担忧，然后才能说服客户！

金牌销售经验谈

①如果销售员在销售过程中稍稍表现出对产品的不自信或冷淡，就可能会导致交易的失败，所以销售员必须要表现出对产品的极大热情，并且要想办法将自己对产品的积极态度传递给客户。

②熟悉本公司产品的基本特征，成为产品专家，是销售员的一项基本素质，也是成为一名合格的销售员的基本条件。

③你说服客户时不要站在你的立场来看问题，而是从客户的角度出发。若不是这样，你说出的话虽然自认为有意义，在客户听起来却变得毫无用处。

2. 介绍产品能给客户带来的好处

客户购买的不是产品，而是透过产品能让他们享受到哪些好处，是这些东西会替他们做什么：给他们威望、权力、舒适、安全、经济、尊敬。所以客户不想听你说你的产品怎样好，客户想听的是你所推销的产品对他们有什么好处。

你介绍某种险种，你的介绍应该是："若自己发生意外，心爱的家人的生活能够得到充分的保障。"

你推销空调，你的介绍应该是："炎炎夏日里带给你一份清凉的感觉。"

比如你是卖营养食品的，你的产品介绍就应该是这样的："先生，假如有一种产品可以增强你的体力，提高你的免疫力，可以使你每天减少 1 ～ 2 小时的睡眠时间，而且精力充沛，让你有时间投入到更重要的事情，创造更多的价值，你是不是觉得是件好事呢？假如真有这样的产品，你有兴趣了解一下吗?”

你推销一本书，你的介绍应该是："这本书里的内容可以改变你的许多观念，使你轻松拥有财富。"

我们来看下面的案例：

几年来，通用电器公司一直在向一所大学推销他们的用于教室黑板的照明设备。联系了无数次，说了无数好话，都无结果。一位销售员想出了一个主意。他逮住学校老师集中在大教室里开会的机会，拿了根细钢棍站到讲台上，两手各持钢棍的一端，说："先生们，我只耽搁大家一分钟。你们看，我用力折这根钢棍，它就弯曲了。我松一松劲，它就弹回去了。但是，如果我用的力超过了钢棍的最大承受力，它再也不会自己变直。孩子们的眼睛就像这钢棍，如果视力遭到的损害超过了眼睛所能承受的最大限度，视力就再也无法恢复，那将是花多少钱也无法弥补的。"

结果，学校当场就决定，购买通用电器公司的照明设备。

销售员应该站在客户的立场上，想一想，为什么客户应该听你的，为什么他们会把注意力集中在你的身上?要么就是你的话语很有诱惑力，要么就是你说出了他要面对的问题的本质。因此，客户购买你的产品在很大程度上是因为你的产品是他所需要的，用产品的具体利益向客户介绍产品，是产品介绍的核心所在。

要想说服客户，销售员就必须让客户知道，这种产品或者服务能够给他带来什么样的好处，并且这些好处是否是他所需要的，这就要求销售员明白自己销售的产品会给客户带来什么样的优势，而不仅仅是告诉客户产品的特征。

（1）产品特征和益处

哪些是产品特征，哪些又是产品的益处呢?对于这个问题，销售员应该在向客户介绍产品之前就搞清楚。

①产品特征指什么。一般认为，产品的特征就是指关于产品的具体事

实，比如产品的功能特点及产品的具体构成等。例如下面的表述就属于对产品特征的介绍：

“这部电脑几乎可以与所有其他软件、硬件和电脑网络配合使用。”（这里介绍的是电脑的兼容功能）

“这种产品是由国家技术检测中心监督制造的，它里面的零件全部经过高温熔炼。”（这里介绍的是产品的制造技术及构成要素）

“只要温度不超过 240 摄氏度，这种产品就不会变形。”（这里介绍的是产品的适用条件）

②产品益处指什么。产品益处是指产品特征对客户的价值。比如，某项产品特征如何使客户的某种需求得到满足，或者某些特征可以改善客户处境等。介绍产品益处的方式如下例所示：

“这种设备操作方式极其方便，可以使您在任何时候都迅速而有效地创造效益。”（直接针对客户对工作效率的要求，说明产品益处）

“采用先进工艺制造的这款手表，无时无刻不在彰显您的品位。”（针对客户改善个人形象的需要，说明产品益处）

“这种电脑方便携带到任何地方，您无论是办公用还是出差用都相当轻便。”（针对客户的使用需要，突出产品的实用价值）

（2）把产品特征转化为产品益处

当销售员介绍所推销产品的具体特征时，如果不针对客户的具体需要说明相关的利益，客户就不会对这种特征产生深刻印象，更不会被说服购买。通常销售员们遇到的情况是：当自己口干舌燥地向客户介绍了一大堆产品的特征之后，客户脸上仍然是一副无动于衷的表情，当你停止介绍而向客户询问意见时，他们的回答可能是：“那又怎么样？”或者是“这对我来说有什么意义？”

可是，如果销售员针对客户的实际需求，将产品的特征转化为产品的益处，客户就会被这些利益所打动，至少他们会知道，这种产品是可以令自己的某些需求得到充分满足的。

强调所推销的产品给客户带来的种种好处，可以引起客户的注意和兴趣，从而有助于销售目标的实现。例如：

“这是我们公司最新推出的新型石英多功能闹钟。它既可以摆在写字台上，让您在读书写作时对准确时间一目了然。当您外出旅行时，它还可以折叠起来放到枕边床头，非常方便。这种闹钟具有多种功能：它可以定时，还具有备忘录功能——您只要提前进行设置，那么它就会在您设置好的时间提醒您注意，比如您可以把家人的生日或者朋友的结婚日期提前设置好，这样您即使再忙也不会忘记向他们传达祝福；您还可以根据自己的喜好选择不同的铃音，这里面一共收入了36种悦耳的铃音；另外，这种闹钟还具有计算功能，有了它您就不必再另外购买计算器了……”

说明产品益处时，必须针对客户的实际需求展开。如果销售员提出的产品益处不符合客户的需要，那么这种产品的益处再大、再多也不会引起客户的购买兴趣。如下例所示：

某笔筒销售员来到一家大型科研公司，他向该科研公司的办公室主任介绍说：“您看这款笔筒的造型多可爱呀！如果把它放在您公司员工的办公桌上，那将是一道多么优美的风景线！我想整个办公室的气氛也会因这个小小的笔筒而变得更加活跃的。而且现在购买的话，我们公司将会做出20%的优惠。可以说这种笔筒是目前市场上难得的真正物美价廉的好产品。”

该科研公司的办公室主任在耐心听完销售员的介绍之后回答道：“对不起，我们公司一向提倡严谨务实的工作作风，而且我们公司一向都从实力雄厚的供应商那里直接采购。所以，我们不需要贵公司的这种价格低廉、造型滑稽的产品。”

（3）有效说明产品益处的方式

如何向客户展示购买产品的好处？销售员可以结合“说”与“做”两种方式。“说”即指用合适的语言向客户表述购买产品为其带来的好处，这时出色的表达方式就显得尤为重要；“做”即指通过实物或模型展示以及其他行动，向客户演示产品的用途或其他价值，这种方式适合小型商品的销售，或者在展会及本公司进行销售时也可以采取这种方式。

金牌销售经验谈

①对于客户来说，只有销售员说明产品可能为他们带来的价值，他们才可能被说服。

②从客户的角度出发，为客户介绍他最适用的产品的益处，为客户提供最真诚的建议，这是销售成功的基础。

3.运用暗示技巧来说服

科学家研究指出：人是唯一能接受暗示的动物。

暗示，是指人或环境以不明显的方式向人体发出某种信息，个体无意中受到它们的影响，并做出相应行动的心理现象。暗示是一种被主观意愿肯定了的假设，不一定有根据，但由于主观上已经肯定了它的存在，心理上便竭力趋向于这项内容。

客户的各种意念、决定往往受到各种非理性因素的控制。因此，向客户讲道理时，有时必须借着暗示的力量才能见效。同时，暗示也要靠理论上的证实，才能对潜意识中的动机产生强烈的影响力。

因此，进行说服活动时，即使你拥有毋庸置疑的理论，强而有力的暗示还是不可忽视的。

美国销售员帕特欲推销一套可供40层办公大楼用的空调设备，与某公司周旋了几个月，但未成功。

一天，这家公司的董事会通知帕特，要他到董事会上向全体董事介绍这套空调系统的详细情况，最终由董事会讨论和拍板。在此之前，帕特已向他们介绍过多次，这天，他强打精神，把以前不知讲过多少次的话题又重复了一遍。但在场的董事们反应十分冷淡，他们提出了一连串问题刁难他，使他穷于应付。面对这种情景，帕特心急如焚，脑门上也渗出汗珠，眼看着几个月来的辛苦和努力将要付之东流。他环视了一下房间，突然眼前一亮，心生一计，他没有直接回答董事长的问题，而是很自然地换了一个话题，说："今天天气很热，请允许我脱掉外衣，好吗？"

说着他掏出手帕，认真地擦着脑门上的汗珠，这个动作马上引起了在场的全体董事的条件反射，他们顿时觉得闷热难忍，一个接一个地脱下外衣，不停地用手帕擦脸，有的抱怨说："怎么搞的，天气这么热，这房子还不安上空调，闷死人啦！"

这时，帕特心里暗暗高兴，因为，购买空调并不是销售员强加给董事们的负担，而是全体董事的内在需求了。帕特觉得时机已到，说："各位董事，我想贵公司是不想看到来公司洽谈业务的客户热成像我这个样子的，是吗？如果贵公司安装了空调，它可以为来贵公司洽谈业务的客户带来一个舒适愉快的感觉，以便成交更多的业务。假如贵公司所有的员工都因为没有空调而感觉闷热，穿着不整齐，影响公司的形象，使客户对贵公司产生不好的感觉，这样好像也不合适吧？"

听完帕特的这番话，董事们连连点头，董事长也觉得有道理，最后，这笔大生意终于拍板成交。

帕特的一句："今天天气很热，请允许我脱掉外衣，好吗？"再加上一个脱上衣和擦汗的动作，胜过了他所要说的千言万语，这表明，销售员不仅可以通过语言来推销，同时也可通过肢体的动作引导来暗示对方，从而获得成功。

销售工作的艰辛是其他人无法想象的，有时，即使你说破嘴皮，对方也不为所动。这并非是销售员缺乏说服力，也不一定是客户真的不需要产品，而是客户总害怕受骗上当。销售员说得越多，他们怀疑感与戒备心就越强。如果走到了这一步，销售员就该考虑换一种方式来展开推销了。这时，若恰当地采用暗示技巧，有可能会收到意想不到的效果。一般来说，说服时的暗示技巧有如下 12 种：

（1）自信暗示

当业务人员充满自信地向准顾客推销时，往往能够影响对方对业务人员的评价。为此，业务人员应该具备充分的商品知识或相关的技能，以“专家”的身份自居，并表现出有魄力和有实力的一面。

因此，业务人员一旦发现自己的产品知识或技能不足时，应勇于面对现实，马上去彻底改善。在缺点或问题尚未改进以前，绝不可贸然拜访客户。因为，在商场上要想和同业竞争，除了具备高度的信用之外，最重要的就是责任感。

另一方面，销售人员努力充实自己，全力满足顾客的需要，以博取客户由衷的赞美。为人坦然、充满自信，而言谈举止稳重的业务人员，必然会赢得准客户的信赖。

例如：“当然，绝对可靠，以您的情况来看，方型比圆型更适合，应该购买方型才对……”

“绝对不成问题。在价格方面，估计最少可以减四成。我敢保证。”

（2）同意暗示

销售人员保持积极的态度，以自然、轻松的间接方式说明，往往更容易获得对方的肯定。

例如：“欢迎光临。您看起来神采奕奕、充满朝气。”

“本店西装的里衬一向选择最高级的料子。您摸摸看，质感如何？”

“您看！做得很精巧！”

（3）优点暗示

优点暗示是指把目标朝向开朗、欢乐、喜悦、理想等方向的暗示方法。只要运用得当，对方将会无条件地接受。

例如：“使用它来调理肌肤，保证会产生迷人的光泽……”

（4）缺点暗示

缺点暗示是指提示事情不方便、黑暗、不安、悲伤、讨厌及不幸的一面，使对方陷入痛苦中，然后趁机说明有效解除痛苦的方法。

例如："如果再不保养，肌肤就会变得粗糙不堪，问题将更为严重。"

（5）气氛暗示

除了销售特殊商品，或需要同时向许多人做演示文稿说明，销售人员应避免单打独斗，同时和许多客户展开商谈。为掌握整个场面的主导权，尽可能一对一商谈。商谈时还必须考虑时间与地点。因为商谈环境太吵闹或常被电话中断，对暗示具有相当的负面作用。

此外，销售人员的服装、姿势、态度、动作、语气、声调或表情等，都具有强烈的暗示作用。

（6）反复暗示

反复暗示是指利用相同的内容或表现方式，从各个角度反复诉求的方法。

一般人只要反复接受相同的刺激，就很容易引起注意和产生兴趣。由反复诉求的效果所产生的亲切感，对刺激客户的需求有莫大的帮助。

商谈中不断反复提示商品名称或对方名称、反复说明产品优点或反复询问准顾客对产品的看法，都可取得暗示效果。

例如："李太太，这是每天生活的必需品，无论如何，使用方便最重要。喔！您看！使用方便的秘密就在这儿。别家产品可没有这项特点哦！"

反复强调以 3 次最为适当，少于 3 次很难记住，次数过多，又容易使人感到厌烦。

（7）视觉暗示

相似的东西，单纯的东西，有规则性、美丽的事物，都较容易吸引人们的注意力。因此，可以利用这些有利条件，借着眼睛留下鲜明的印象，以收到暗示效果。比起简单用嘴巴说明，使用小册子、照片、图表、剪报、样品等诉诸顾客，则能使他们印象更为深刻。

除了视觉外，还可以诉诸其他感觉。凡是给予视觉（眼睛）、听觉

（耳）、触觉（皮肤）、嗅觉（鼻）与味觉（舌）等五种感觉强烈刺激的，均能增强暗示效果。注意，视觉、听觉加起来效果最好！

鉴于此，应多利用机会，配合地点、情景，向客户展示实物，或带领其参观工厂。此外，由自己创造具有视觉暗示的销售信息笔记，对销售人员本身也有相当的帮助。

（8）引君入瓮的暗示

一般人对自己所判断的事物，比较容易付诸行动。

因此，趁着对方还不太注意时，首先安排好布局，让对方朝着预定的方向走，再利用第三者的言语推动，可使客户更快下决定。

例如："大家都说脸型长的人适合条纹领带，怎么样？这种领带不仅适合您的脸型，和您的西装色系也非常搭配，看起来更显得典雅大方。这可是我们公司新一季的主打产品！"

（9）共鸣暗示

多数人都常认为自己与众不同。因此，利用客户这种心理，表示认同感并加以强调，通常可收良好的暗示效果。而客户越是自以为特殊，就越容易受到暗示的影响。

例如："我也有过相同的经验，您的心情我很了解。这种产品最适合您不过了，正因为您与众不同，我才热心为您介绍。"

（10）强化对方立场暗示

销售人员不妨通过专业知识，强化客户本身的立场，促使客户积极下决心购买。也就是让客户产生自我暗示，强化他自己的立场。

例如："太好了，您总算发现了这点。这种果汁机的旋转盘角度呈3.5°，所以旋转时保证不会破坏维生素C。那么，你就不必担心水果养分会流失。"

（11）利用权威暗示

利用第三者或知名人士的权威，或其他厂商的知名度暗示对方，让对方乐于接受。

例如："我们公司和A公司也有交易。"

（12）吉利暗示

一般客户总是重视运气好坏、吉日或凶日、风水好坏等等。利用顾客这种趋吉避凶的心理，通常可促使暗示成功。

例如："今天可是大吉大利的日子呢！"

金牌销售经验谈

①销售员巧用暗示技巧，能影响客户的观念，改变认识，增强购买信心，加速成交进程。

②暗示并不是说大道理或强迫、命令，而是经由语言或其他刺激诉求于对方的潜意识而诱发某些行动。因此，暗示具有引起行动的力量。

4. 多让对方说"是"

当你开始说服的时候，要尽量使对方说"是的，是的"，而不是使对方总是和你的态度相反，一味说"不"。

美国心理学家奥夫斯奇教授在其富有启发性的《影响人类的行为》一书中说："'不'是难突破的障碍，当一个人说'不'时，他所有的人格尊严，都要求他坚持到底。也许事后觉得自己的'不'说错了，然而，他必须考虑到宝贵的自尊！既然说出了口，他就得坚持下去。因此一开始就使对方采取肯定的态度，是最最重要的。"

可以毫不夸张地说，多让对方说"是"是最有效的说服方式之一。如果在说服过程中，你能"诱导"客户从一开始就说"是"，这就说明你的销售目的已经达到一半；如果你能连续让对方说"是""就这样"，那么你的目的就基本能够实现。

那么，你在说服客户时，有没有让对方不断地说“是”或者点头赞许？如果没有，你就应该想办法改变自己的战术。在说服过程中，你应该首先提起双方都赞同的话题，然后再在双方有分歧的地方，找出大家可以接受的部分，如此往复，就能不断缩短彼此的差距。差距缩小了，你再与对方商讨，那时双方合作的机会将大大提高。

在电气公司做销售员的杰克，就是通过多让对方说“是”的方法，做成了一笔许多人都想做却没有做成的生意。

杰克说：“我们公司一直非常希望和纽约的一家公司做生意。可是，我们公司的业务员和这家公司谈了2年，没有从那里拿到一笔业务。我接管纽约区后，又继续和该公司谈了半年，还是没有丝毫进展。于是，我只好采取蘑菇战术，终于谈成了一笔小生意。虽然数额不大，但毕竟有了开始，我相信以后应该不难再继续下去。”

半个月后，杰克兴致勃勃地回访这家公司，接待杰克的是这家公司的技术总监约翰。但是刚见到杰克，他就说了一个不好的消息：“杰克，我不能再买你们的发动机了。”

“为什么？”杰克非常惊讶，“我们的发动机不是很好吗？为什么我们不能再合作？”

“因为你们的发动机太热了，我不能用手直接接触它。”约翰回答。

杰克知道，如果仅仅与约翰逞口舌之能是没有用的，可是又不能直接说“我来试试”。忽然，杰克想起了让对方说“是”这一说服方法。

“约翰，”杰克接着说，“如果发动机真的太热，当然就不能再买了。那么，你这里应该有符合电气制品标准的发动机吧？”

杰克得到了第一个“是”。

“符合标准的发动机，其温度可以高于室温华氏72度，是吗？”杰克又问。

“是！”约翰又同意，“但你们的产品还是太热。”

"请问工厂里的温度是多少?"杰克不理会他的拒绝，继续问。

"约华氏75度左右。"约翰回答。

杰克接着问："假如工厂内的温度是75度，再加上发动机的72度，那就是147度了。那你把手放在147度的水龙头下，会不会烫伤呢?"

"会。"约翰不得不这样回答。

杰克建议说："那你是不是最好不要把手放在发动机上呢?"

"是的。先生，你说得对!"约翰只能如此回答杰克。

当然，他们继续合作了，约翰与这家公司签订了价值10万美元的订单。

在这个过程中，杰克没有和约翰争论过一句，而只是约翰回答"是""会""是这样"，最后问题就顺利解决。

要想运用好这一方法，就必须把要说的话说对。戴尔·卡耐基认为：人是不可能被说服的。之所以他去做了你想让他做的事，是因为他自己想去做这件事。而让他自己想去做这件事的唯一办法，就是你必须让他认为你说的是对的，让他认为他是为了遵循对的东西才这样做的，而不是被你说服的，不是为了遵从你的意志才这样做的。

所以，我们在说服别人或者谈判时，应该尽量把要说的话说对，让对方不得不认同你。这样，他才能说服他自己，去做你希望他做的事。

金牌销售经验谈

①如果要使你的意见被客户同意，你必须牢牢地记住：一开始就让对方说是。

②在说服客户过程中，"不""不行""不可以"的出现，就代表着说服遭遇了瓶颈；如果对方连续否定你的言辞，就表明你已经没有希望得到对方的认同，此时最好立刻结束你们之间的对话，或者改变话题。

③诱导别人说"是"，事实上并不是一件很难的事，其中的哲学就是投人之所好，因势利导，始终让自己占据事情的先机，这样对方就不得不走进事先设好的框架之中。

5.投其所好，以心换心

在说服别人时，我们往往会遇到这种情况，对方不是在听我们说，而是在做或想别的事情，或嘴里应付着你，眼睛却注意别处，或转移话题，跟你瞎扯……遇到这种情况怎么办呢？我们说，应该放弃你的话题，寻找他的兴奋点，投其所好。

投其所好，是一种说服技巧，即根据对方的性格特征、兴趣爱好、文化修养、人生经历，选择他爱听、中听，合他口味的话或事情，并顺着他的感情倾向、审美意识、道德标准、价值取向加以诱导与启发，使之对说话者产生“无话不可对君谈”的亲切感、信任感。

这种投其所好的技能常常具有极强的说服力。要做到这一点，“知己知彼”十分重要，唯先知彼，而后才能从对方立场上斟酌问题。

纽约有家著名的面包公司——迪巴诺公司，可是纽约的一家大饭店却一直未向它订购面包。4 年来，迪巴诺每星期必去拜访大饭店经理一次，也参加他所举行的会议，甚至以客人的身份住进大饭店。不论他采取正面攻势，还是旁敲侧击，这家大饭店仍是丝毫不为所动。迪巴诺回忆当时的情形说：“我下定决心，不达目的决不罢休。我想我应该改变一下以前使用的策略，就开始调查他所感兴趣的事情。”

“不久，我发现他是美国饭店协会的会员，而且由于热心协会的事，还担任了国家饭店协会的会长。凡协会召开的会议，不管在何地举行，他都一定乘飞机赶去。”

“第二天，我去拜访他时，就以协会为话题，果然引起了他的兴趣，他眼里发着光，和我谈了35分钟关于协会的事情，还口口声声说这个协会给他带来无穷的乐趣。他还准备扩大内部组织，又极力邀请我参加，对待我像对待一位老朋友一样。”

“我和他谈话时，丝毫不提及面包。几天后，饭店的采购部门来了一个电话，让我立刻把面包样品和价格表送去。我有些喜出望外，准备好了东西，就赶到饭店。采购组长在谈正事之前，笑着对我说：‘我真猜不透你使出什么绝招，使我的老板那么赏识你。’我真是哭笑不得，想想我迪巴诺面包公司并非无名，我向他推销了4年的面包，可连一粒面包渣都没有售出。如今我仅是对他所关心的事表示关注而已，形势竟完全改观。如果我依然没有发现他所关心的事，恐怕现在仍是跟在他身后穷追不舍呢。”

迪巴诺面包虽然是远近驰名的，但迪巴诺的长期攻势却未见成效，而在他与饭店经理聊对方有兴致的事之后，形势却大为改观。这就是投其所好的绝妙之处，在使自己被对方认同并喜爱后更容易达到销售的目的。

事实上，很多客户并不喜欢和满口效益的业务员在办公室里谈话。所以，销售员应该意识到客户其实也是平凡人，和自己一样有各种各样的兴趣。劝说客户时，先要和客户讲一些令其异常兴奋的事情，投其所好，这样，他会在意犹未尽的情况下，痛快地答应你提出的要求。

投其所好不仅表现为迎合客户的兴趣、爱好，还包括观念上的投其所好。当客户表现出某种观念时，销售人员如果能适当迎合这种观念，表示出自己的理解、欣赏和赞扬，会大大强化客户的观念与选择，同时增强客户对销售员的认同感。

柯尔恩先生是丹麦木材商之一，他一直想与史密斯先生合作。史密斯先生是一家木材加工厂的老板，相当能干，但他的妻子则更胜一筹，无论是对外公关联络，还是内部出谋献策，都有自己的一套方法。妻子的名气比史密斯先生要大，这无形中就给史密斯造成一种压力，因而他时常会感觉自卑，偶尔还会恼怒。

柯尔恩先生了解到这一情况后，便有意安排了这样一幕戏：

有一天，他赶在史密斯先生之前，在史密斯每天必去的酒馆坐下。等到史密斯在旁边桌的座位坐下后，柯尔恩的“搭档”就对柯尔恩说：“史密斯先生虽然能干，但明摆着，主要还是他太太掌舵！”

柯尔恩说：“胡说！像他那么大的工厂，事情那么多，怎么能事俱躬亲呢？我想一定是史密斯先生很注重女权，所以把一些次要的事让太太去处理，大事情一定还是需要他决定的。这一定是史密斯先生既运筹帷幄又善于用人的不同凡响之处，如果能与这样的人合作，我最放心了……”

坐在旁边的史密斯先生认为自己是无意之中听到了陌生人对他的评价，立即对这位陌生的“辩护者”产生了极大的好感。于是就过去邀请柯尔恩先生与自己一起就座，两人越谈越投机，大有“相见恨晚”之感。最后毫无疑问，柯尔恩如愿以偿地得到了他期望的合同。

人们的观念常常影响和支配人们的心理需求和消费方式。柯尔恩先生成功的原因不仅在于一幕自导自演的“双簧”，更在于他看准了史密斯先生的一种观念：作为男子汉的丈夫应当比太太有能力。虽然他这种不平衡的心态尚未导致夫妻间的失衡，但作为男人，他还是希望自己的能力得到认可。柯尔恩从观念上投其所好，自然得到了史密斯的欣赏、感激与回报了。

金牌销售经验谈

①接触客户内心思想，通达客户心灵深处的妙方，就是对客户投其所好。

②要仔细研究你销售的对象，找出这个人的兴趣所在，寻找他最关心、最热衷的事业，谈论他最感兴趣的话题；否则，即使你再死磨硬泡，也一无所获！

6.不要直接指出客户的错误

销售的最终目的在于成交，不在于说赢客户。而在现实当中，许多销售员对客户提出的任何问题和想法都抱着“说赢客户，才能说服客户”的心理。他们觉得只有说赢客户，才能获得订单，其实，这是错误的想法。

一位销售员正在推销他的防护栏。一天，他看到有一个工地上没有任何防护栏，工程车忙碌着，建筑工人们来回穿梭，尤其是竟有好多附近的居民在旁边的马路上散步。

一个小孩子在一位老人的带领下在附近玩，孩子看到那里有一堆土，不由自主就走进了建筑工地。老太太正在漫不经心地看着路边的花草。正在这时，一辆红色运土车飞快地驶了过来，老太太惊呼了一声，步履踉跄地躲开，然而运土车的速度太快了。眼看运土车已经冲到了孩子的面前，这时候销售员一个箭步冲了过去，夹起孩子躲开了。此刻运土车也在他们身旁刹住了。

销售员怒不可遏：“你们负责人呢？这么危险的地方居然不加防护栏？小孩子差点儿被你们的运土车撞倒。”

销售员找到了工程的负责人，非常严肃地将刚才的情况叙述了一遍，并且说：“据你们这里的居民反映，上个星期三上午八点半左右，你们有部红色推土机就以每小时 40 公里的速度疾驰而来，把大家吓死了。虽然没有造成什么事故，但是非常危险。我认为你应该在 48 小时之内在工地四周竖起栅栏，否则，附近的居民都会举报你们，让你们的工程没法进行下去。正好，现在我这里就有一些优质的栅栏，价格也很优惠。你们还是采购一些，提前做好防护吧。”

负责人好不容易听完了他的一大堆指责，尽管知道自己不对，但是他还是不耐烦地对销售员说：“你是谁？我凭什么听你的？你怎么知道我们没有防护栏，我们的工人正在安装呢。你走吧，别在这里颐指气使，你以为谁会听你的话吗！”

无论你用什么方式，例如用眼神、声调或手势，或者用言语指责客户说他错了，你以为他会同意你吗？绝对不会！因为你直接地打击了他的智慧、他的判断力、他的自豪和自尊。这只会使他起来反击，而不会使他改变他的看法。即使你搬用所有的逻辑与他辩论，也改变不了他的看法，因为你伤了他的感情。

永远不要这样对客户说：“我告诉，你应该这样……”那就会把事情搞砸了。因为那等于在说：“我比你聪明。我要告诉你怎样怎样，使你改变看法。”那是一种挑战，只会引起争端和反抗，使对方甚至根本不听你下面的就和你争论起来。即使是在最温和的情况下，也不容易改变别人的主意，那么何况在其他情况下呢？你为什么要自找麻烦呢？

如果你想要证明什么事，大可不必声张宣扬，而要讲究策略方法，不要让任何人看出来，使其在不知不觉中接受你的观点。

有一位销售员曾向一家金属量具厂推销一笔大业务，但该业务几乎没有利润。这家量具厂经营十分不景气，当时有一半工人不能上班，只领生活费。

当这位销售员与厂长谈到业务后，厂长说：“你这业务很大，却根本没有利润，我做这笔业务等于白干，而目前我们的业务很饱满，要完成你这笔业务得加班，还得支付加班工资，这样我们不仅不赢利，可能还会亏损。”

显然，厂长在说谎。面对撒谎的厂长，销售员立即转移了话题，开始谈论目前国内企业的经营状况。当时机成熟时，销售员说道：“接受这笔业务你们的确没有赢利，不过正如您刚才所言，目前的企业有多少赢利呢？能正常运行就很不错了，至少因为接受这笔业务你们厂上不了班的 100 多员工可以上班了，可以有工资和一部分奖金，您看呢？如无异议是否可以定下来呢？”

厂长一听，发现销售员了解底细，也来不及争辩就把手伸在额前，说：“好，好，为了你这个朋友，亏就亏吧。”

如果当时销售员一语戳破厂长的谎言，又会是怎样的结局呢？厂长一定会很尴尬，并因此而恼羞成怒，从而拒绝这笔业务。销售员没有直接指责对方说谎，而是很有涵养地间接暗示对方，保全了对方的自尊，使对方心存感激，这种感激就成了销售的突破口，从而使推销工作一举成功。

在销售过程中，销售员总是希望能够迅速有效地说服客户，但方法一定不能简单，态度一定不能粗暴，尤其是在客户的言行有不妥当之处的时候，千万不能直接指出其不当的地方，而应采取尊重客户的做法，使他心里明白你是尊重他的，只有这样，销售工作才能顺利进行。

金牌销售经验谈

①客户就是上帝，销售人员首先不能得罪客户，才能和客户进一步发展关系。

②人人都有逆反心理。对客户施加影响时千万不能直接指出客户的错误，因为那会让对方愤怒和受挫的情绪战胜理智，于是双方相互理解的可能性就会变小。

7. 掌握微笑这门最好的语言

微笑是最珍贵的交流，是最动人的“语言”。在销售中，微笑同样是畅行无阻的“语言”，是价值连城的“语言”。当一名销售员真正学会微笑的时候，就向成功迈进了一大步。微笑，可以拆除人们之间心的壁垒，使人们敞开心扉；微笑可以赶走悲伤、不安，也能打破僵局。当然，谈成一笔交易，绝不仅仅是只有微笑就够了，但微笑是不可或缺的。

汤姆的公司位于闹市区，上班时间经常有小商小贩乘门卫不注意，偷偷溜进办公大楼，推销产品，令人防不胜防。

有一天，一个小伙子敲门走进汤姆和同事的办公室，礼貌地说：“对不起，打扰一下，请问你们是否需要电脑清洁纸巾？如果需要，我可以给你们优惠。”

专心工作的员工深受其扰，一脸不悦，给他的都是冷冰冰的脸色。小伙子并没有退缩，微笑着说：“不买也没关系啊，能让我给你们试一下产品吗？”还没等员工们同意，他很快拿出一包纸巾擦拭员工们电脑上的污垢，但这些员工并没有买他的账。最后，小伙子还是礼貌地说：“对不起，打扰了，再见！”

过了一会儿，小伙子又来了，说：“你们领导说了，需要这种产品，请你们考虑考虑好吗？”

汤姆开玩笑地说：“领导需要就让领导去买，请你还是走吧！”

小伙子并没有因为汤姆和同事的冷漠而放弃可能赢得的希望，认真详细地介绍他所推销的产品的性能和好处。虽然最终汤姆和同事都没有理睬他，他仍然微笑着离开了。

令汤姆纳闷的是，不论受到怎样的对待，这个小伙子脸上始终洋溢着笑容，微笑着进来，微笑着离开。第二天，第三天……一样的诚恳、一样的期待，一样的冷漠、一样的脸色。有一天，当小伙子在吃了很多次闭门羹后又准时出现在办公楼内时，汤姆和同事都被这种执著的精神感动了，买了 200 美元的产品。

临走时，汤姆一改往日的冷淡，热情地问：“我真的服了你，难道你遇到这样尴尬情况就没有想到过要放弃吗？”

小伙子对汤姆说：“没有一块冰能不被阳光所融化！也没任何人能拒绝微笑！”

没有人能拒绝微笑，当你满面笑容地出现在客户面前时，当你在微笑中与客户谈话交流的时候，当你笑意盈盈地与客户挥手道再见的时候，客户还会拒你于千里之外吗？你的微笑已经无声地告诉客户，你很友善，你很欣赏他，很喜欢与他交往，那么他必然会觉得开心，也会乐意与你交往。

我们能发现，业绩好的销售人员都是积极、主动、热情，总是微笑着和别人谈话的人；而一些消沉、面无表情的销售员，业绩肯定是最差的。因为，开朗的微笑可以使客户的心情与你一样开朗，从而也对你微笑。在这种情况下，销售成功的概率便会大大地提高。

但是，微笑同样有讲究，并不是所有微微一笑都能轻易地打动客户。

首先，销售人员应该注意的是，微笑并不是简单的面部表情，它应该体现整个人的精神面貌。所以，销售人员必须要发自内心地微笑，不要空有一副“职业性微笑”的表情，而内心却厌恶和排斥客户。其次，微笑的同时要注意自己内在涵养和素质的表现，既要让客户在彬彬有礼的微笑服务中感受被尊重和关爱，又不至于使客户感到过分客气和生疏。另外，在微笑时尽量不要发出太大的声音，也不要表现得过于夸张，否则客户会觉得不舒服。

金牌销售经验谈

①微笑是两个人之间最短的距离，具有神奇的魔力。只要你有一个充满自信和真诚的胸怀，再加上这无价的微笑，就可以感染、沟通每一个客户。

②执著的微笑精神是走向成功的通行证。销售员拥有发自内心的微笑，就像身上随时携带着无价之宝。

参考文献

[1] 林有田 .15 分钟金牌推销员 [M]. 北京：中国海关出版社，2004.

[2] 高彦杰 . 引导成交的 75 种方法 [M]. 北京：中国经济出版社，2006.

[3] 郭晨曦 . 绝对说服 100 招 [M]. 北京：中国城市出版社，2007.

[4] 叶素贞 . 销售新人入门训练 [M]. 广州：广东经济出版社，2007.

[5] 宋立志 . 订单何来：打造顶级销售精英 [M]. 北京：当代世界出版社，2007.

[6] 邹华英 . 会说会听会推销：金牌推销员是这样炼成的 [M]. 北京：人民邮电出版社，2008.

[7] 伏建全 . 销售员实战心法 [M]. 北京：中国致公出版社，2008.

[8] 陈文晓 . 八仙过海：成功推销 108 例 [M]. 北京：中国时代经济出版社，2008.

[9] 袁华冰 . 销售员口才技能训练 [M]. 北京：中国纺织出版社，2008.

[10] 袁华冰 . 不会说话就做不好销售 [M]. 北京：中国纺织出版社，2008.

[11] 海平 . 攻心销售力：让你业绩倍增的隐秘说服技巧 [M]. 北京：新世界出版社，2008.

[12] 王宝玲 . 超级销售口才训练方法 [M]. 北京：中国纺织出版社，2009.

[13] 石赟 . 推销要懂心理学 [M]. 北京：北京理工大学出版社，2009.

[14] 史迪文 . 会说话 , 拿订单：全球众多金牌销售员最常用的七大说话秘诀 [M]. 北京：北京邮电大学出版社，2010.